VIVA AGORA
E ALÉM DA MORTE

Elisabeth Kübler-Ross

VIVA AGORA E ALÉM DA MORTE

Reflexões da Médica Psiquiatra que Mudou a Percepção sobre a Morte

Com prefácio de Rüdiger Dahlke
Organizado por Trutz Hardo

Tradução
KARINA JANNINI

Editora Pensamento
SÃO PAULO

Título do original: *Lebe Jetzt und Über den Tod Hinaus*.
Copyright © 2012 Verlag "Die Silberschnur" GmbH.
Copyright da edição brasileira © 2016 Editora Pensamento-Cultrix Ltda.
Texto de acordo com as novas regras ortográficas da língua portuguesa.
1ª edição 2016.
2ª reimpressão 2022.
Todos os direitos reservados. Nenhuma parte deste livro pode ser reproduzida ou usada de qualquer forma ou por qualquer meio, eletrônico ou mecânico, inclusive fotocópias, gravações ou sistema de armazenamento em banco de dados, sem permissão por escrito, exceto nos casos de trechos curtos citados em resenhas críticas ou artigos de revista.

A Editora Pensamento não se responsabiliza por eventuais mudanças ocorridas nos endereços convencionais ou eletrônicos citados neste livro.

Editor: Adilson Silva Ramachandra
Editora de texto: Denise de Carvalho Rocha
Gerente editorial: Roseli de S. Ferraz
Produção editorial: Indiara Faria Kayo
Editoração eletrônica: Fama Editora
Revisão: Nilza Agua

Dados Internacionais de Catalogação na Publicação (CIP)
(Câmara Brasileira do Livro, SP, Brasil)

Kübler-Ross, Elisabeth
   Viva agora e além da morte : reflexões da médica psiquiatra que mudou a percepção sobre a morte / Elisabeth Kübler-Ross ; com prefácio de Rüdiger Dahlke ; organizado por Trutz Hardo ; tradução Karina Jannini. — São Paulo : Pensamento, 2016.

   Título original: Lebe Jetzt und Über den Tod Hinaus.
   ISBN 978-85-315-1951-2
   1. Doentes em fase terminal - Cuidados 2. Morte - Aspectos psicológicos 3. Psicologia I. Dahlke, Rüdiger. II. Hardo, Trutz. III. Título.

16-06172   CDD-155.937

Índices para catálogo sistemático:
1. Morte : Aspectos psicológicos 155.937

Direitos de tradução para o Brasil adquiridos com exclusividade pela
EDITORA PENSAMENTO-CULTRIX LTDA., que se reserva a
propriedade literária desta tradução.
Rua Dr. Mário Vicente, 368 – 04270-000 – São Paulo – SP
Fone: (11) 2066-9000
http://www.editorapensamento.com.br
E-mail: atendimento@editorapensamento.com.br
Foi feito o depósito legal.

Dedico este livro ao filho de Elisabeth,
o fotógrafo Kenneth Ross,
que a acompanhou em várias de suas viagens distantes,
dando-lhe apoio e força.
Depois que a mãe ficou imobilizada
em decorrência de vários acidentes vasculares cerebrais (AVC),
ele cuidou dela até a morte.
Obrigado, Ken.

Trutz Hardo

Sumário

Prefácio do doutor Rüdiger Dahlke 9

"A morte não existe!" 15

Popularidade crescente 31

Críticos e hostilidades 35

O livro *Sobre a Morte e a Vida Depois Dela* 49

O anjo dos doentes de Aids 101

Solidão e doença grave 117

Esperando pelo fim 125

Prefácio

do doutor Rüdiger Dahlke

Nosso problema com a morte pode ser bem reconhecido na vida e na morte da médica Elisabeth Kübler-Ross. Praticamente nenhuma médica neste século despertou tanta consciência no que se refere ao tema. Elisabeth começou seu percurso profissional como médica no interior da Suíça. Somente mais tarde, nos Estados Unidos, tornou sua pesquisa sobre a morte socialmente aceitável, alcançando, assim, fama científica internacional. Impulsionada por sua necessidade insaciável de ajudar e pela honestidade inflexível em relação aos resultados de sua pesquisa, em idade avançada ampliou suas investigações e dedicou-se a temas referentes à vida depois da morte. Contudo, por essa razão, para muitos cientistas ela excedeu os limites. Como não aceitam a existência do que acham que não pode existir, deixaram de dar-lhe crédito e condenaram em parte também coisas que antes haviam aceitado por muito tempo. Desse modo, ela sempre incomodou seus colegas cientistas, e às vezes não se podia evitar a impressão de que os capelos de doutor (cerca de vinte!) que lhe conferiram era para não terem de segui-la. Quase nenhum pesquisador recebeu tanto reconhecimento com tamanho desprezo por seus resultados. O fato de muitos não terem conseguido segui-la em suas amplas digressões naqueles tenebrosos campos além da soleira da morte é algo que diz mais sobre os outros do que sobre a autora. Mesmo tendo sido tão honrada, várias vezes foi taxada de louca, o que devia constituir o caminho mais fácil para não ter de lidar com os resultados de sua pesquisa. Especialmente para os ânimos em geral temerosos no círculo médico, este foi um desvio atraente, pelo qual já se havia tentado livrar-se de grandes mentes como Ignaz Semmelweis e Wilhelm Reich.* Até hoje, nos Estados Unidos, vale a sentença judicial de que toda pesquisa no campo da energia orgônica, descoberta por Reich, deve ser penalizada. Este é o método do medo, que gosta de entrincheirar-se atrás de parágrafos.

Como investigadora da morte, a tanatologista Elisabeth Kübler-Ross causou medo não apenas em razão de sua área de pesquisa, mas também, sobretudo, devido à sua radical humanidade e vivacidade. Ao tentar criar em sua própria casa um lar para crianças de quaisquer raças, infectadas pelo vírus da

---

* Ignaz Semmelweis (1818-1865): obstetra húngaro, descobriu a prevenção da febre puerperal. Wilhelm Reich (1897-1957): psicanalista austríaco, discípulo de Freud.

Aids e, na época, fadadas a morrer, intimidou tanto seus vizinhos na província americana que teve sua casa incendiada. Os cientistas sabem ocultar seu medo de maneira mais sutil, e às vezes também a vestiram com o manto de uma santa que estaria muito acima dos outros para ser imitada. Ou então colocaram suas ideias no canto das elucubrações idealistas: intenções boas, mas irrealizáveis. No entanto, ela demonstrou de maneira impressionante como muitas coisas podem ser imediatamente realizadas. Sua ciência sempre teve efeitos muito rápidos e práticos e nunca se estabeleceu na torre de marfim que alguns de seus colegas, que determinam a prática nas clínicas universitárias, não abandonam durante a vida toda.

Assim, tanto Elisabeth Kübler-Ross quanto Raymond Moody, outro grande espírito nessa área, acabaram encontrando a maior parte de seus seguidores fora dos círculos científicos. Sua atuação, que se concentra em torno de quem está à beira da morte, causa efeitos sobretudo para quem vive. Vincular a área de pesquisa da morte aos sentimentos feriu tabus essenciais da medicina acadêmica dominante. Por fim, ela estava bem mais próxima do budismo do que da corporação daqueles cientistas que se esforçaram vergonhosamente para banir todos os sentimentos e todas as emoções do seu trabalho, com o intuito de alcançar resultados objetivos, que geralmente pouco têm a ver com os seres sencientes e visam mais a patentes e reconhecimento científico.

Devemos à senhora Kübler-Ross o fato de a morte ter voltado a ser tema da ciência. Segundo uma pesquisa de opinião, a maioria dos alemães já não acredita que terá de morrer. Quando indagados se preferem morrer em casa ou no hospital, 93% responderam, analogamente: "Se for necessário, então que seja em casa!" A frase "se for necessário, então..." deve ser interpretada como um sinal de um considerável recalque coletivo. É quase desnecessário mencionar que, ao contrário do desejo revelado na pesquisa, 90% dos habitantes das grandes cidades morrem em hospitais.

Elisabeth Kübler-Ross defendeu com veemência que o desejo de morrer em casa deve ser realizado, sobretudo por amor de quem está morrendo, mas também de seus parentes. Ela própria, em todo seu engajamento científico, vivenciou o acompanhamento de quem morre como algo que proporciona uma profunda felicidade. Porém, apesar de todo esforço, é muito difícil isso acontecer não apenas devido ao medo dos parentes, mas também ao dos médicos. Para aqueles que se empenharam em evitá-la, a morte deve parecer uma derrota. Nesse sentido, como foram criados para serem perdedores clássicos, preferem evitar ser testemunhas da própria derrota e internam os pacientes "oportunamente" em hospitais onde, pelo menos, tudo acontece a portas fechadas. No hospital, geralmente os médicos se protegem do reconhecimento da derrota e da lembrança da própria mortalidade ausentando-se no momento decisivo.

De modo geral, morrer em hospitais alemães ainda é uma experiência assustadora. O que se desenvolveu em consequência do trabalho de Elisabeth Kübler-Ross e do movimento das instituições de assistência a pacientes terminais como alternativa a empurrar esses pacientes para o corredor ou para quartos contíguos é maravilhoso, mas apenas uma gota no oceano (tomara que a primeira, e não a última!). A maioria dos pacientes terminais vai parar em quartos com vários leitos, de modo que os outros pacientes acabam dando um jeito para que sejam levados para morrer no corredor.

O ponto-final na vida impressionante da grande pesquisadora da morte mostra como é difícil dominar toda essa temática. Elisabeth Kübler-Ross mal conseguiu aplicar seus conhecimentos à própria morte e, no final da vida, após um acidente vascular cerebral (AVC), viu-se em uma terrível situação de resistência, que muito preocupou seus seguidores e, naturalmente, levou água para o moinho de seus adversários. Porém, em vez de utilizar esse fracasso pessoal em causa própria, a fim de depreciar seu trabalho retroativamente, poderíamos, antes, analisar o quanto essa temática é difícil para o homem ocidental. A obra de Elisabeth Kübler-Ross continua sendo um maravilhoso passo na direção correta para conciliar a morte com a vida.

(Com a autorização do autor, este prefácio foi extraído de seu livro *Von der großen Verwandlung — Wir sterben... und werden weiterleben* [Sobre a Grande Transformação — Morremos... e Continuamos a Viver]. Crotona, 2011.)

"A morte não existe!"

*"Posso dizer com absoluta certeza:
a morte não existe."*

Em 1982, fui visitar minha amiga americana Judy em Birmingham, no Estado do Alabama. Como fisioterapeuta experiente e formada nessa disciplina, ela ocasionalmente cuidava do governador George Wallace, que após um atentado à sua vida só podia se deslocar em cadeira de rodas. Durante minha visita, em meio a uma pilha de periódicos, encontrei na revista *The CoEvolutionary Quarterly* um artigo publicado em 1977 sobre Elisabeth Kübler-Ross, que li com ansiedade e que mudaria o rumo da minha vida. Eu já tinha ouvido falar dessa médica algumas vezes, mas ainda não tinha lido nada dela nem sobre ela. O título do artigo dizia: *Death Does Not Exist* ["A Morte não Existe"]. O texto, organizado pela senhora Ferguson, iniciava-se com as seguintes palavras: "Carisma é uma expressão fraca demais para o regozijo que acometeu os espectadores quando Kübler-Ross começou sua palestra. A maioria dos 2.300 ouvintes foi levada às lágrimas. Depois de encerrar seu discurso, em um primeiro momento, por alguns instantes, reinou o silêncio. Porém, em seguida, todos se levantaram a um só tempo e aplaudiram".

Para este livro, eu gostaria de reproduzir partes importantes da palestra proferida por ocasião de um simpósio na Universidade da Califórnia, em San Diego, sob o lema "O Centro de Cura do Futuro". Elisabeth Kübler-Ross colocou em primeiro plano o tema do amor, pois "viver corretamente significa, na verdade, aprender a amar".

Começou a falar de sua vida, que se iniciou como trigêmea na Suíça, em 1926. Como estudante de medicina, em 1946 foi à Polônia, para ajudar na reconstrução do país, e descobriu que, antes de morrer, as crianças riscavam borboletas nas paredes de tábua dos barracões no campo de concentração "Majdanek", como se já soubessem que, após a morte, se transformariam em algo mais sublime. Assim, a partir desse momento, o motivo da borboleta se tornou para Elisabeth um símbolo para a transformação dos humanos em um ser mais belo no outro mundo.

Ao se casar com Manuel Ross, foi para os Estados Unidos, onde trabalhou em diversos hospitais como médica, sobretudo com crianças. Segundo dizia, as crianças eram seus maiores mestres, pois pouco antes de morrer lhe contavam que alguém viria buscá-las. Na maioria das vezes se tratava de um parente já morto ou de um anjo. Assim contou ao pai uma menina de 12 anos, que já havia sido considerada morta, depois de despertar de sua bela experiência no outro mundo, cheio de luz e amor. Nele ela encontrou um menino que se apresentou como seu irmão e a abraçou com amor e carinho. Ela disse para o seu pai: "O único problema nessa experiência é que eu não tenho irmão". E o pai, que começou a chorar de repente, explicou-lhe que na verdade ela teve um irmãozinho que havia morrido antes de ela nascer. Os pais nunca tinham lhe contado nada a respeito.

Sobre o tema "morte clínica", Elisabeth Kübler-Ross dizia: "Nenhum dos meus pacientes que passaram pela experiência de quase morte a temeu posteriormente. E eu gostaria de enfatizar mais uma vez: nem um único! Muitos desses pacientes também me disseram que, além da paz que neles se instalou, da serenidade, da consciência e da experiência de conseguirem ver sem serem vistos, sentiram o que é ser inteiro. Em outras palavras, alguém que perdeu a perna em um acidente de carro e a viu sobre o asfalto, ao sair de seu corpo físico sentiu que possuía novamente ambas as pernas.

Uma de nossas pacientes ficou cega após uma explosão em um laboratório. Logo em seguida, esteve fora do próprio corpo e conseguiu enxergar novamente. Viu todo o cenário do acidente e, posteriormente, descreveu o que havia acontecido quando as pessoas a socorreram. Quando os médicos conseguiram reanimá-la, estava totalmente cega. Vocês entendem por que muitas pessoas contestam nossas tentativas de reanimá-las quando se encontram em um lugar muito mais maravilhoso, bonito e perfeito?

Muitas pessoas dirão: 'Esta é uma projeção do pensamento, produzida a partir do desejo. Pois aqueles que morrem ficam sozinhos, sentem-se abandonados e sentem medo. Assim, projetam diante de si alguém que amam'. Se essa afirmação fosse verdadeira, então 99% dos meus pacientes de 5, 6 e 7 anos veriam a própria mãe ou o próprio pai. Mas nenhuma dessas crianças, cujos casos reunimos por vários anos, diz que em sua experiência de quase morte viu a mãe ou o pai, uma vez que estes ainda estavam vivos.

Quando se pergunta a uma pessoa quem ela vê durante a experiência de quase morte, duas condições se verificam como um denominador comum. Em primeiro lugar, a pessoa que ela vê já fez, necessariamente, a 'passagem', e a visão ocorre em apenas um minuto. Em segundo, entre ambas deve ter existido um verdadeiro vínculo de amor".

Caro leitor, o que você teria pensado, sentido e achado ao ler esse artigo? Nele, uma médica fala sobre sua carreira, que lhe permitiu pesquisar um novo território na medicina da maneira mais incrível e a tornou conhecida como "a dama da morte". Afinal, em seu trabalho recebe ajuda dos mortos, que vivem em um mundo invisível para nós e no qual quem chega recebe um corpo novo e saudável; um mundo que, ao mesmo tempo, é muito mais belo do que o nosso. Seria mesmo verdade que continuamos a viver após a morte e ainda temos a possibilidade de nos comunicarmos com os habitantes terrestres ou aparecer para eles? Se tudo o que essa médica diz for verdade, todos aqueles que ouviram essa palestra ou leram o artigo passarão a pensar de maneira diferente. Pode-se quase descrever essa mudança de pensamento como uma mudança de paradigma, pois a verdadeira mensagem diz que não precisamos ter medo da morte, uma vez que ela não existe. Depois de morrer, continuamos a viver em um mundo mais bonito, e se na Terra ficamos velhos, nos tornamos frágeis ou sofremos algum ferimento físico, "do outro lado do véu" teremos novamente um corpo ileso e saudável. Com certeza, esta é uma "boa notícia".

Eu precisava encontrar essa mulher de qualquer maneira, pois me sentia muito ligado ao assunto sobre o qual ela falava. Depois de algumas dificuldades, consegui a permissão para participar do seu *workshop*, intitulado *Life, Death and Trasition* [Vida, Morte e Transição], que seria realizado em três noites. Recebi o endereço exato do centro onde o *workshop* ocorreria e, dois dias depois, peguei um avião para San Diego. Esse centro fica em meio a um pinheiral. Estacionei o carro e fui até o prédio, de cuja porta aberta saíam os participantes do *workshop*, mas ninguém sabia ao certo onde ela estava naquele momento. Enquanto pedia mais informações, uma picape carregada de pinhas passou rugindo ao meu lado. Nela estava Elisabeth Kübler-Ross. Quando desceu do veículo, fui até ela para me apresentar e agradecer o convite. Ela disse que não poderia conversar comigo naquele momento, mas acenou para um jovem alemão, que me explicou do que tratava o curso. Os *workshops* ministrados por Elisabeth Kübler-Ross no mundo inteiro sempre se limitavam a 70, no máximo 75 participantes, dos quais um terço compunha-se de doentes terminais ou pais de crianças à beira da morte. Outro terço era composto de médicos, espiritualistas, assistentes sociais, terapeutas e enfermeiras, e o último terço consistia em pessoas totalmente "normais", que queriam muito participar desse tipo de *workshop*. Naquela noite de quinta-feira, também houve uma cerimônia da pinha, razão pela qual anteriormente Elisabeth havia chegado com uma carga do fruto, que juntou a outros.

Em seguida, o jovem alemão me conduziu para o local onde ocorreria a cerimônia. Na sua frente havia uma pira, em torno da qual foram colocadas as pinhas. Aos poucos, os participantes foram chegando e tomando assento nos bancos. Procurei um lugar ao lado do meu novo amigo e esperei para ver o que iria acontecer. Finalmente, uma grande quantidade de pinhas foi acesa na pira, e Elisabeth apareceu na noite como um espectro iluminado pelas chamas tremeluzentes. Ali, ninguém mais falava em doutora Ross, pois ela havia se tornado amiga íntima de todos e, apesar de seu título de doutora, em nada queria se diferenciar dos outros. Colocou-se diante da pira e explicou o que iria acontecer naquele momento. Nos primeiros dias, cada um se livraria de maneira indireta, mas sobretudo direta, das antigas programações que arrasta consigo e que muitas vezes são reprimidas, ligadas a medos e, principalmente, a traumas de infância. Uma após a outra, as pessoas pegam, então, uma pinha e nelas depositam tudo, dizendo, ao mesmo tempo, em voz alta e com clareza, do que se livrou no *workshop*. Um cadeirante, por exemplo, pegou uma pinha e disse: "Perdoo Deus por ele ter permitido que eu viesse ao mundo aleijado". Outro revelou: "Não brigo mais com meu destino. Agora o aceito como um aprendizado importante e me liberto das minhas depressões". Em seguida, cada um jogou sua pinha no fogo. Algumas mulheres haviam sofrido abuso sexual quando crianças ou foram violentadas quando jovens. Naquele momento, perdoavam seus algozes, pois Elisabeth lhes havia ensinado que não existem acasos e que, de uma visão mais elevada, tudo é justificado. Uma mulher que disse nunca ter ousado cantar em público colocou esse medo na pinha e jogou-a no fogo. Depois, virou-se para nós e cantou uma ária belíssima. Ficamos muito emocionados.

    Depois da cerimônia, perguntei a Elisabeth se podia conversar com ela sobre nossas experiências espirituais. Ela sugeriu que podíamos conversar durante um passeio ao luar pelo pinheiral, e um convidado suíço nos acompanhou. Falei-lhe sobre uma vivência em Ephrata, e ela nos contou que também havia visto materializações em San Diego e em Escondido. Pois ali havia um grupo espírita que realizava sessões em um quarto escuro, onde os espíritos se materializavam e podiam ser ouvidos através das chamadas trombetas. O suíço ouvia calado nossa conversa. Elisabeth contou que seu próprio guia espiritual havia se apresentado a ela e como costumava ser acompanhada por seus amigos do além, que lhe davam força para administrar seu trabalho gigantesco na Terra. Ainda me lembro muito bem de uma dessas informações especiais que ela revelou a nós dois.

Há alguns meses, ela esteve na Austrália para dar mais palestras e ministrar *workshops*. E, certa noite, no quarto do hotel onde estava hospedada, entrou em crise. Não conseguia parar de soluçar. Um psiquiatra teria diagnosticado uma intensa Síndrome de Burnout ou Síndrome do Esgotamento Profissional. Ela se perguntava: por que viajo de um país a outro, dou *workshops* ou palestras em toda parte? Quase nunca estou em casa. Meu marido e meus filhos nada recebem de mim. Que mulher e mãe horrível eu sou! Por que assumi essa difícil tarefa de relatar ao maior número possível de pessoas que, na verdade, a morte não existe e que não é necessário ter medo dela? Desisto. É demais para mim. Quero ir para casa.

Nesse momento, seu guia espiritual, que ela já conhecia das sessões no sul da Califórnia, materializou-se à sua frente. Conforme ela nos descreveu, só dava para vê-lo até o quadril. Olhou para ela com carinho, esticou a mão e tocou sua nuca. De repente, uma energia benéfica percorreu-a, restaurando suas forças. Depois de sentir essa força fluir dentro dela por alguns minutos, sorriu com gratidão e disse a seu acompanhante, que normalmente era invisível: "Sim, vou continuar".

No último dia, após o café da manhã, todos se reuniram na sala do *workshop*. Enquanto alguns se acomodavam em suas cadeiras, outros se sentavam no chão, diante de Elisabeth, que relatava em detalhes o processo da morte e a vida após a morte. Respondeu a muitas perguntas, e sua maneira de lidar com os participantes durante a conversa às vezes nos fez rir. Com sua naturalidade e seu modo direto, irradiava um carisma muito especial, tornando o encontro com ela uma experiência duradoura. E, quando nos despedimos, sabíamos que certamente voltaríamos a nos ver.

No edifício onde ocorreu o *workshop*, adquiri uma das fitas cassete de Elisabeth, com o título *Life, Death and Life After Death* ["Vida, Morte e Vida Após a Morte"]. Eu ainda não sabia que editaria a maior parte dessa fita gravada por ela em forma de livro. Nela, Elisabeth descreve uma de suas experiências mais importantes, que eu gostaria de reproduzir aqui.

"Uma de minhas primeiras experiências ocorreu durante um exame científico, no qual eu tinha permissão para deixar meu corpo. Esse experimento foi realizado com o auxílio de um recurso iatrogênico em um laboratório na Virgínia e, ao mesmo tempo, supervisionado por cientistas céticos. Durante uma dessas minhas experiências, fui trazida de volta pelo examinador, pois ele achou que saí cedo e rápido demais do meu corpo. Para minha grande consternação, de certo modo ele acabou interferindo em meus próprios interesses e em minha própria personalidade. Em outra tentativa de ter uma experiência fora do corpo, decidi lidar com esse problema da intervenção alheia me autoprogramando para ser mais rápida que a velocidade da luz e voar mais longe do que qualquer outra pessoa tenha tentado flutuar antes.

E, no momento em que a tentativa se iniciou, deixei meu corpo e me movi com surpreendente velocidade. No entanto, a única coisa de que ainda consegui me lembrar ao voltar para meu corpo físico foram as palavras SHANTI NILAYA. Eu não fazia ideia da origem nem do significado de ambas. Portanto, não sabia onde poderia ter estado. Porém, antes do meu retorno, eu já sabia que estava curada quase completamente de uma constipação e de um doloroso problema nas costas que me impedia de levantar até mesmo um livro. Era verdade! Ao terminar esse experimento fora do meu corpo, constatei que meu intestino estava livre de sua constipação. E eu conseguia erguer até mesmo um saco de cinquenta quilos de açúcar. Os presentes me disseram que eu parecia 20 anos mais jovem. Cada um deles insistiu para que eu desse mais informações sobre minha experiência. Eu não fazia ideia de onde tinha estado em minha excursão fora do corpo, até ficar sabendo mais a respeito na noite seguinte.

Passei essa noite em uma pensão solitária no meio de uma floresta pertencente às Blue Ridge Mountains. Aos poucos, não sem algum susto, tomei consciência de que tinha ido longe demais em minha experiência fora do corpo e de que, naquele momento, teria de arcar com as consequências de minha decisão. Tentei lutar contra o cansaço, pois tinha uma vaga ideia de que 'aquilo' aconteceria, sem saber ao certo o que poderia ser esse 'aquilo'. E, quando me entreguei a 'ele', realizou-se em mim a experiência provavelmente mais dolorosa e solitária que uma pessoa pode sofrer. No mais verdadeiro sentido da palavra, passei por inúmeras mortes, as mesmas pelas quais já tinham passado os pacientes terminais acompanhados por mim. Do ponto de vista físico, emocional, intelectual e espiritual, vi-me agonizando. Não conseguia respirar. Durante esse martírio físico, eu sabia muito bem que não havia nenhuma pessoa por perto que pudesse me socorrer. Assim, tive de suportar essa noite sozinha.

Nessas horas horríveis, só me foram consentidas três breves pausas para me recuperar. Seria possível comparar as dores que senti com as dores do parto, só que se seguiam de modo ininterrupto. Durante essas três curtas interrupções em que consegui respirar profundamente algumas vezes, ocorreram eventos simbolicamente significativos, que, porém, só vim a compreender muito mais tarde.

Durante a primeira pausa para respiração, pedi um ombro no qual pudesse me encostar. Na verdade, pensei que fosse aparecer o ombro esquerdo de um homem, no qual eu pudesse deitar minha cabeça para conseguir suportar melhor minha dor. Porém, assim que fiz esse pedido, ouvi uma voz profunda e séria, mas também amorosa e compassiva, que disse apenas: 'Ele não lhe será concedido'.

Depois de um longo tempo, foi-me dada outra pausa para respirar. Dessa vez, pedi para segurar uma mão. E novamente esperei que do lado direito da minha cama aparecesse uma mão que eu pudesse segurar para conseguir suportar um pouco mais as dores. E a mesma voz se fez ouvir, dizendo novamente: 'Ela não lhe será concedida'.

Durante minha terceira e última pausa para a respiração, decidi pedir apenas a ponta dos dedos. Mas imediatamente acrescentei, como é do meu feitio: 'Não, se não posso ter a mão, também não quero a ponta dos dedos'.

É óbvio que, com isso, eu imaginava apenas constatar que haveria alguém presente, ainda que eu não pudesse apertar a ponta de seus dedos. Pela primeira vez em minha vida, percebi que, nesse tipo de agonia, era da fé que se tratava. E essa fé provinha do conhecimento que repousava profundamente em mim de que eu mesma dispunha da força e da coragem para conseguir suportar sozinha aquela agonia. De repente, ficou claro para mim que eu só teria de encerrar minha luta e transformar minha resistência em uma submissão pacífica e positiva, na qual eu fosse capaz de simplesmente dizer 'sim'. E no mesmo instante em que eu disse 'sim' em pensamento, os tormentos cessaram. Minha respiração ficou mais calma, e a dor física desapareceu. E, em vez daquelas inúmeras mortes pelas quais tive de passar, foi-me concedido ressuscitar, uma experiência difícil de descrever em palavras humanas.

Esse ressuscitamento começou com uma oscilação ou pulsação muito rápida no meu ventre, de onde se espalhou para todo o corpo. Mas não parou por aí, pois transformou em oscilação tudo o que meus olhos alcançavam: o teto, a parede, o chão, os móveis, a cama, a janela e até mesmo o céu que eu olhava pela janela. As árvores foram tomadas por essa oscilação e, por fim, todo o planeta Terra. Parecia mesmo real, como se todo o planeta, toda molécula vibrassem. Em seguida, vi algo que parecia o botão de uma flor de lótus, que se abriu diante de mim com um incrível colorido. Atrás dessa flor, brilhou de repente a luz de que meus pacientes tanto falavam. E quando me aproximei da luz através da flor de lótus aberta e que vibrava rapidamente, aos poucos fui me sentindo cada vez mais atraída por ela, por essa luz, por esse amor inefável e incondicional, até que finalmente me uni a ele.

Porém, no mesmo instante, quando me uni a essa fonte de luz, todas as oscilações cessaram. Um profundo silêncio me sobreveio, e caí em um sono semelhante ao transe. Ao acordar, sabia que tinha de colocar um vestido e minhas sandálias, descer a montanha e que 'aquilo' ocorreria com o nascer do sol. Cerca de uma hora e meia mais tarde, quando acordei de outro cochilo, pus o vestido e as sandálias e desci a montanha. Em seguida, talvez tenha passado pelo maior êxtase que os seres humanos podem vivenciar neste mundo físico. Senti-me transportada para o estado do amor total e admirei tudo ao meu redor. Vi-me em uma ebulição de amor com toda folha, toda nuvem, toda erva e todo ser vivo. Senti até mesmo a pulsação de toda pedrinha do caminho; no sentido mais verdadeiro do termo, caminhei 'sobre' elas e gritei-lhes em pensamento: 'Não gosto de pisar em vocês, pois não quero machucá-las'. E quando cheguei ao sopé da montanha, sabia que não tinha tocado o chão com nenhum passo. Não duvidei da autenticidade dessa experiência. Foi uma percepção que simplesmente derivou da consciência cósmica. Assim, pude reconhecer a vida em toda a natureza viva, bem como aquele amor que nunca se consegue reproduzir em palavras.

Foram necessários alguns dias até eu me reencontrar totalmente em minha existência física, a fim de conseguir cumprir as trivialidades da vida, como lavar louça, lavar roupa ou preparar uma refeição para minha família. E precisei de alguns meses até ser capaz de falar sobre minha experiência. Partilhei-a com um grupo maravilhoso, que não me julgou, e sim me compreendeu e que me havia convidado para um simpósio sobre psicologia transpessoal em Berkeley, na Califórnia. E depois de partilhar minha vivência com esse grupo, os participantes também lhe deram um nome: 'consciência cósmica'. Seguindo meu hábito, pouco depois procurei uma biblioteca para verificar se nela poderia pegar emprestado algum livro com o mesmo título, a fim de compreender também intelectualmente o significado desse estado.

Por meio do grupo, também fiquei sabendo que a expressão 'Shanti Nilaya', que me havia sido comunicada quando me uni à energia espiritual, àquela fonte de luz primordial, é a morada de paz que nos espera por fim, aquele lar para o qual todos voltaremos um dia, depois de passarmos pelo medo da morte, pelas dores e dificuldades e depois de aprendermos a superar todas essas dores, a fim de sermos o que na verdade deveríamos ser segundo a Criação, a saber, um ser em total equilíbrio entre os quadrantes físicos, emocionais, intelectuais e espirituais; portanto, um ser que reconheceu que o verdadeiro amor não demanda posse nem impõe condições. Se vivermos uma vida do amor total, também teremos saúde e condições de cumprir determinadas tarefas e determinados objetivos em uma única vida.

Essa experiência que estou contando a vocês mudou minha vida, e de uma maneira que nunca consegui reproduzir em palavras. Porém, acredito que, na época, também compreendi que, se transmitisse meu conhecimento sobre a vida após a morte, teria de passar literalmente por inúmeras mortes, uma vez que a sociedade em que vivo tentaria me 'fazer em pedacinhos'. No entanto, além de todas as recompensas, a experiência e o conhecimento, a alegria, o amor e a excitação que podem se seguir a esses medos serão, de longe, muito maiores do que qualquer dor."

Popularidade crescente

Quando quis saber mais sobre Elisabeth na Alemanha, fazia algum tempo que ela já não era nenhuma desconhecida entre os médicos e as enfermeiras do país. Seu livro, publicado em 1969 nos Estados Unidos com o título *On Death and Dying* [Sobre a Morte e o Morrer], saiu pouco depois no mercado alemão com o título *Interviews mit Sterbenden* [Entrevistas com Pacientes Terminais]. Nele ela descreve seu trabalho com pacientes terminais, que passam pelas cinco diferentes fases da morte.

Em resumo, resta dizer que todas as fases juntas também se ocupam da "esperança" e que seria um erro tirá-la do paciente. É tarefa dos parentes, da equipe de enfermagem e dos médicos manter a esperança. Além disso, pode-se transmitir ao paciente que ele receberá todo auxílio e todo alívio necessários. Desse modo, os acompanhantes se tornam amigos.

Na primeira fase, o paciente não quer admitir que sua doença é terminal. Ele se retrai. Em seguida, vem a segunda fase: o ressentimento contra seu destino e até contra Deus, e o paciente se pergunta: por que justo eu? A terceira fase é marcada pelo pedido ou pela negociação para que Deus prolongue sua vida ou, pelo menos, o livre das dores. Ele também poderia prometer-Lhe ser uma pessoa melhor a partir de então e fazer muitas coisas boas. Segue-se, então, a quarta fase, em que o paciente cai na mais profunda depressão e em desespero. Somente na quinta fase ele aceita seu destino. A luta chegou ao fim, assim como a dor. Passa a haver aceitação, resignação e esperança.

Elisabeth incentivou de maneira decisiva especialmente médicos, pastores, assistentes sociais e enfermeiros a lidar com pessoas em luto e pacientes terminais. Sua mensagem era de que quem ajuda precisa primeiro esclarecer suas próprias "pendências" antes de ajudar quem está morrendo.

Até então, dera-se pouca atenção aos doentes terminais, já na fase final de sua vida. No hospital, algumas vezes chegavam a ser empurrados para o banheiro, onde passavam os últimos dias ou as últimas horas isolados. E Elisabeth adotou justamente esses pacientes negligenciados, chamou atenção para o significado das fases da morte e, assim, fundou uma nova área na medicina, que entrou para a ciência com o nome de tanatologia.

Ao longo dos anos seguintes, seu primeiro livro se tornou leitura obrigatória de todas as enfermeiras e de todos os médicos, que chegaram a ser indagados a respeito em exames profissionais — e isso não apenas nos Estados Unidos, mas também em muitos outros países. O trabalho de Elisabeth foi discutido em revistas de medicina e psicologia. Mas ela ficou mais conhecida graças a artigos publicados em revistas populares e, sobretudo, às muitas entrevistas dadas na televisão, de modo que logo se tornou um conceito não apenas no mundo da medicina, mas também de maneira geral. De brincadeira, chamavam-na de "dama da morte".

Por suas pesquisas sobre o tema, em poucos anos recebeu toda uma série de títulos *honoris causa*, que até sua morte chegou a cerca de 25. Foi convidada para dar palestras em muitos congressos, e logo em seguida começou com os seminários, os chamados *workshops*. Por fim, vieram convites de toda parte, praticamente do mundo inteiro. Então teve início o seu período de viagens, que só lhe permitia voltar raras vezes para casa, para seu marido, seu filho e sua filha. Graças à sua iniciativa, não apenas nos Estados Unidos foram criadas instituições de assistência, nas quais pacientes terminais eram cuidados até a morte e, muitas vezes, também na companhia de familiares. Surgia uma nova era do auxílio a pacientes terminais, e de um modo que antes teria sido impensável.

Em 1982, com o casal Helga e Manfred Huber, decide fundar uma editora chamada *Die Silberschnur* [O Cordão de Prata]. Entre outras coisas, nossa intenção era publicar a já mencionada palestra "Não Existe Morte" em livro, junto com a respectiva fita cassete. Por isso, em 1982 fui até Elisabeth, em Escondido, para adquirir os direitos autorais.

Críticos e hostilidades

Falei para ela que gostaria de transformar a já mencionada fita cassete e a palestra de 1977 em livro. Porém, para meu espanto, ela rejeitou energicamente: "Não quero ver publicado nenhum tipo de texto que tenha a ver com a vida após a morte e a comunicação com os espíritos. Por causa disso, tive de passar por tantas hostilidades que não quero correr o risco de ver todo o meu trabalho desacreditado e talvez encerrado". Conforme me disseram, a revista *Time* havia escrito artigos muito negativos sobre ela, e a *Playboy* fizera até um relato improcedente sobre suas comunicações com os espíritos. Os médicos americanos, que tinham grande respeito por ela, e as universidades, que a acumularam de títulos *honoris causa*, ficaram chocados ao saber que ela pertencia a um grupo que se comunicava com espíritos em quartos escuros, nos quais, segundo se dizia nos artigos, se praticava charlatanismo. Como uma médica internacionalmente conhecida e tão elogiada podia cair nesse tipo de truque? Teria enlouquecido? Poderiam ainda levá-la a sério junto com suas pesquisas? Para piorar ainda mais a situação, seu marido se separou dela por causa dessas "revelações". Ele sempre discordava de suas crenças. Além disso, qual a vantagem de ter uma mulher que estava sempre viajando pelo mundo?

Até então, a maioria dos jornalistas em diversas revistas e entrevistas na televisão falara bem de Elisabeth Kübler-Ross. Mas, de repente, passaram a criticá-la. O que havia acontecido?

Jay e Marti Barham reuniram-se com outras pessoas para entrar em contato com os espíritos em sessões nas quais sempre faziam questão de que todos os participantes estivessem bem protegidos para não serem enganados por espíritos trapaceiros ou ligados à Terra. Começaram usando o tabuleiro ouija, mas logo os Barham passaram a realizar sessões com trombetas em um quarto escuro, o chamado *darkroom*. Essas trombetas são feitas de folhas de alumínio e se assemelham a um megafone com cerca de um braço de comprimento. Em sua extremidade é colada uma fita de fósforo, para que no escuro se possa acompanhar sua vibração. É através dessas trombetas que os espíritos falam. Geralmente, nesse caso se trata de membros mortos de algumas famílias ou de guias espirituais e mestres superiores; porém, depois de algum tempo, também se incorporam mortos, que se anunciam aos presentes. As chamadas materializações, ou seja, o ato de tornar visível aquilo que, em geral, é invisível, variam de intensidade a cada vez e dependem da energia trazida pelos participantes. Assim, chegaram a ocorrer contatos físicos e até beijos na face, e algumas vezes sussurraram-se palavras amorosas. Por fim, os espíritos utilizaram Jay como seu porta-voz.

Em 1976, Elisabeth se deparou com esse grupo, quando ele ainda realizava as sessões no *darkroom* em San Diego. Nessas sessões, aprendeu a conhecer os guias espirituais do além, que frequentemente, junto com outros espíritos, falavam com ela ou respondiam a suas inúmeras perguntas. Aprendeu muita coisa e reproduziu alguns exemplos marcantes em suas palestras, como: "Se se protegessem os Canyons das tempestades, nunca se veria a beleza de seus precipícios". O exemplo dos quatro quadrantes a serem harmonizados também foi explicado por um espírito.

Entre Elisabeth e os Barham criou-se uma íntima ligação. E quando Elisabeth finalmente obteve o sinal do mundo superior para encerrar sua atividade de ensino, decidiu mudar em 1977 para o sul da Califórnia, a fim de fundar com os Barham, nas proximidades montanhosas de Escondido, o Centro Elisabeth Kübler-Ross, que recebeu o nome de *Shanti Nilaya*. Enquanto Elisabeth ocupou o posto de presidente da sociedade sem fins lucrativos, Marti assumiu o cargo de vice-presidente, e seu marido, que nesse meio-tempo também tinha se tornado um médium de cura, assumiu o cargo de administrador em todas as outras matérias.

Com frequência, jornalistas iam ao *Shanti Nilaya* para entrevistar Elisabeth; afinal, ela havia se tornado uma mulher conhecida nacional e internacionalmente e tinha sido eleita pela *Lady's Home Journal* como uma das onze mulheres mais famosas do mundo nos anos 1970. Contudo, ela cometeu um erro ao permitir que os jornalistas visitassem o local, pois não teria tempo para entrevistas mais longas. Além disso, pareceu-lhe correto que o mundo finalmente ficasse sabendo através dessas publicações que continuamos a viver após a morte e que podemos manter contato com os mortos, pois, como sempre enfatizava, seu verdadeiro objetivo consistia em comunicar ao mundo que a morte não existe. Desse modo, alguns jornalistas também participaram das sessões ou ficaram sabendo, direta ou indiretamente, que Elisabeth lidava com o mundo do além.

Eu mesmo estive presente em sessões no *darkroom* em diversas localidades e fiquei curioso para ver tudo o que poderia acontecer. E quando as vozes dos espíritos puderam ser ouvidas através do médium, ou aquelas trombetas de alumínio vibraram pelo quarto, não consegui deixar de pensar que toda aquela bobagem não passava de encenação e até pura enganação, na qual os participantes da sessão caíam. Claro, tinham até cobrado uma soma em dinheiro de cada um deles. Portanto, os organizadores eram usurários. Como os supostos espíritos também cochichavam palavras de amor, davam até beijinhos e tocavam suavemente as pessoas com quem falavam, os céticos explicavam que haveria não apenas logro por parte de Jay, mas também ocorreriam insinuações sexuais. Alguns jornalistas espalharam esses boatos e até os salientaram em seus artigos por puro sensacionalismo. Quando Elisabeth leu os textos, ficou chocada e disse: "Pelos editoriais, conclui-se que perdi todo o meu mérito. Dizem que tenho uma doença venérea, que já não cuido dos pacientes terminais e que nos meus *workshops*, de que gosto tanto, ocorrem orgias sexuais".

Quando ia dar uma palestra para 5 mil ouvintes em um auditório em Nova York, ainda estava atrás das cortinas quando suas pernas enrijeceram de repente. Mas já estava na hora de subir ao palco, onde foi recebida com aplausos. Só conseguia dar passos curtos e achou que fosse cair a qualquer momento. Intimamente, ralhava com seus "guys" ["caras"]: "O que estão fazendo comigo? Por que tudo isso?" Mas finalmente conseguiu chegar ao púlpito e suas primeiras palavras ao público foram: "Como podem ver, este é o modo de andar de quem tem uma doença venérea". Seguiu-se uma sonora risada — e, de repente, suas pernas voltaram a relaxar. Reconheceu, então, que os espíritos, seus amigos, tinham-na ajudado a receber um grande aplauso.

Talvez esse tipo de artigo tenha motivado Marcia Seligson, jornalista da revista masculina *Playboy*, a ir pessoalmente a Escondido para buscar informações mais detalhadas, mas o suposto escândalo já era suficientemente atroz para escrever uma coluna sensacionalista a seu respeito. Desse modo, na primavera de 1981 foi publicado um artigo de dezenove páginas na *Playboy*, intitulado "Elisabeth Kübler-Ross — uma conversa franca com a famosa especialista sobre o tema da morte, cuja crença na vida após a morte e nos espíritos colocou-a nas mãos de um guru suspeito e com má fama, o que desencadeou escândalos".

Meu amigo filipino Jaime Litcauco, que é parapsicólogo e, como eu, já presenciou centenas de cirurgias espirituais com sangue, ficou horrorizado com esse artigo e escreveu espontaneamente uma carta para a redação da *Playboy*, da qual eu gostaria de citar alguns trechos: "Sua repórter Marcia Seligson jamais teve as mesmas experiências que Elisabeth, razão pela qual tampouco pode se esperar dela que julgue os acontecimentos a partir da visão de Elisabeth. (...) Ninguém pode convencer outras pessoas de seus experimentos místicos e psíquicos se essa própria pessoa não tiver vivido as mesmas experiências. Talvez no Oriente estejamos mais aptos que os leitores ocidentais a reconhecer o que Elisabeth Kübler-Ross vivenciou, pois, graças à nossa herança espiritual, somos abertos a pensar em um universo não material. Para nós, o que ela conta não é novidade, pois a comunicação com os espíritos é uma realidade que se realiza desde sempre, em todas as épocas, assim como as percepções extracorporais. Desse modo, é de admirar que exista um número tão grande de rejeição a esse tipo de experiência, que, no entanto, qualquer um poderia verificar por conta própria. Por isso, é fácil reconhecer que é a repórter, e não Elisabeth Kübler-Ross, que deveria ser questionada, para se livrar da cegueira. Kübler-Ross deveria receber as mesmas honras que Billie King por sua seriedade e sua honestidade corretas e devotadas a Deus, raramente encontradas nos dias de hoje".

Nesse trecho, eu gostaria de reproduzir alguns excertos do artigo da *Playboy*. Neles se diz que uma menina de 10 anos foi molestada sexualmente por um espírito durante uma sessão, o que levou a polícia a fazer investigações, pois se acreditava que Jay teria aproveitado a escuridão para molestá-la. Essas acusações foram logo adotadas pela imprensa. No entanto, o nome de Elisabeth Kübler-Ross estava intimamente ligado a esse grupo espírita. A princípio, a senhora Seligson ouvira Elisabeth em uma igreja em Los Angeles, por ocasião de uma palestra, e ficara fascinada com seu relato. Também constatou que quase todos os ouvintes tinham lágrimas nos olhos pela comoção. Em seguida, foi várias vezes a Escondido, convidada por Elisabeth para tomar chá e comer biscoitos feitos por ela. Ali ficou sabendo que a médica considerava Jay, seu diretor, o maior médium que já existiu. E quando a repórter lhe perguntou o que ela teria a dizer sobre o escândalo, Elisabeth respondeu: "Sou cientista. Para mim, ele é um cientista que deve ser levado a sério e, ao mesmo tempo, um curioso que arrisca tudo — não importam os meios — a fim de encontrar respostas sobre o que acontece no mundo e com a humanidade. Sempre fui cética, e ao extremo. É do meu feitio testar várias vezes todas as minhas experiências, e não publico nada que eu mesma não tenha vivido. Continuo sendo alguém que pensa segundo a lógica, uma médica suíça obstinada. Até poucos anos atrás, eu não sabia nem mesmo o que significava *consciência superior*. Também não acreditava em espíritos nem em fantasmas. Nada disso me interessava. Nunca meditei nem procurei guru na Índia. Mas acabei tendo experiências que, por assim dizer, me 'impressionaram'. E continuei a pesquisar. Precisava fazer isso por mim mesma, pois queria respostas". Quando a repórter perguntou se suas declarações livres não prejudicariam todo o seu trabalho, ela respondeu: "Para mim, tanto faz. Não estou interessada em agradar ninguém; pouco importa se vão gostar de mim ou me achar sincera. (...) Eu levaria essas pesquisas adiante mesmo que ninguém no mundo soubesse a respeito ou as aceitasse. Se a sociedade vai me respeitar, odiar ou até me taxar de psicótica, não tem nenhuma importância. Publico os resultados de minhas pesquisas não para me enaltecer, receber menções honrosas ou aparecer como a mulher do ano". E continuou dizendo que, no início, também tinham duvidado dos resultados de suas pesquisas sobre pacientes terminais, bem como de suas experiências com as vivências extracorporais, mas que, no fim, acabaram por aceitá-las. Aconteceria o mesmo em relação à sua mensagem de que há uma vida após a morte e possíveis contatos com espíritos. "Para mim, é um cientista que comunica o que pesquisou, independentemente do método exposto. Eu perderia todo o crédito e me tornaria uma prostituta barata se só publicasse o que agrada a multidão. Meu trabalho consiste apenas em comunicar o que descobri. Aqueles que estiverem prontos acreditarão em mim. E os que não o fizerem irão divulgar intelectualizações impossíveis."

Quando questionada sobre o que seriam exatamente os guias espirituais, Elisabeth esclareceu (*e essa conversa a repórter provavelmente gravou em fita*) que não os teria inventado, pois a Bíblia já falava deles. Crianças os viam e brincavam com eles como amigos. Em outros tempos, esses guias espirituais teriam sido terrenos e pretendido ajudar as pessoas. Cuidavam de seus protegidos desde o nascimento até a morte. E ficavam perto de nós sobretudo antes de irmos dormir ou de despertarmos. "Sou abençoada por ter podido me comunicar diretamente com eles nos últimos anos." E continuou dizendo que existem milhares desses guias espirituais que ajudam a humanidade a se defender da ameaça nuclear. "Fico muito feliz por estar em contato com eles, vê-los, conversar com eles e até gravar o que dizem em um aparelho. Algumas vezes, chegam a aparecer em forma física."

À pergunta sobre como lidaria com o fato de que escreviam publicamente a respeito de seus contatos com espíritos, ela respondeu que seu marido a tinha deixado depois de vinte anos de casados e nunca mais voltara. E que muitos amigos próximos lhe deram as costas. Até mesmo aqueles por quem tinha especial afeição se afastaram dela, mas não por causa do seu trabalho com pacientes terminais, e sim porque as revistas e os jornais estavam escrevendo de maneira muito negativa sobre ela. As pessoas teriam até mesmo escrito às suas duas irmãs na Suíça dando-lhes a entender que Elisabeth lhes causaria muita vergonha. Outras retiraram sua inscrição dos *workshops* e pediram o dinheiro de volta. Palestras já anunciadas foram canceladas subitamente, embora ainda houvesse organizadores suficientes que a recrutassem. "De repente, transformei-me de pessoa famosa em pessoa mal-afamada." Em seguida, foi tomada por uma solidão que descreve como seu pior estado na época. "Não tinha nenhum ombro para poder me encostar; nenhuma mão que se estendesse para mim. Mas sabia que tudo aquilo era apenas um processo e que meu trabalho tinha de ser feito, não importava o que algumas pessoas diriam a meu respeito. Estou absolutamente convencida de que tenho de fazer muitos sacrifícios para divulgar ao mundo o que vivi."

Elisabeth, que certamente não sabia que sua convidada tinha previsto gravar essas conversas para uma edição da *Playboy*, falou por várias horas com toda liberdade sobre como foi se dedicando cada vez mais às experiências espirituais. Assim, também contou que, em 1976, em San Diego, participou pela primeira vez de uma sessão no *darkroom* com 75 participantes. Apesar da escuridão, ali reconheceu de repente um espírito negro de mais de dois metros de altura, envolvido em panos brancos, como um beduíno, que se apresentou a ela com o nome espiritual de *Isabelle*, cumprimentou-a e disse o seguinte: "Fui conduzido até este lugar para transmitir energia positiva a essa senhora e continuar a apoiá-la em seu trabalho". Três vezes esse espírito gigantesco lhe perguntou se ela estava decidida a continuar seu trabalho de falar sobre a vida e a morte. Mas esse trabalho seria apenas um teste, pois a verdadeira dor e as hostilidades do mundo ainda recairiam sobre ela. E Elisabeth disse três vezes que estava preparada para tudo. Por fim, também lhe apareceu seu guia espiritual, que se apresentou como *Salem* e passou a mão suavemente por seu cabelo. E, mais tarde, quando Elisabeth já estava esgotada, outro guia espiritual se apresentou como *Mario* e massageou suas costas, mostrando-se apenas até a altura dos quadris.

Quando questionada sobre os Barham, ela respondeu que sabia desde o princípio que trabalharia com Jay. Ele seria o maior médium de cura da nossa época, e ela não conhecia nenhum outro mais modesto do que ele. "O trabalho com os Barham já estava previsto. Nossa parceria já estava predeterminada antes de encarnarmos." Quando a repórter lhe questionou sobre as acusações de abuso sexual, Elisabeth respondeu que já havia passado mais de duzentas horas nessas sessões no *darkroom*, mas nunca tinha percebido nada nesse sentido. E quando foi questionada se talvez Jay não fosse um charlatão e trapaceiro, respondeu: "Não me arrependo de nada do que vivi nos últimos três anos. Pois tudo o que vivenciei nesse período pesa muito mais do que todos os temores e as acusações". Quando indagada sobre o final de sua vida, Elisabeth respondeu que ficaria feliz com a morte, pois com ela teria a certeza de ter cumprido seu trabalho e poderia se retirar e descansar.

Em nenhum minuto Elisabeth suspeitou que essa entrevista iria lhe causar tanto prejuízo, pois a repórter tinha ganhado toda a sua confiança. No entanto, no ano seguinte, foi publicado o extenso artigo junto com muitas páginas com beldades seminuas.

Na época, Elisabeth ainda deu essa entrevista sobre os Barham, mas no início de 1981 o casal decidiu escrever um livro sobre seu trabalho espiritual. Mais essa! Elisabeth ficou muito preocupada, pois, com essa obra, os Barham talvez embolsassem milhões à custa do trabalho dela, que tinha caído em total descrédito. Nas últimas semanas, viu com ressentimento contido como ambos faziam dinheiro com seu nome, pois as demonstrações no *darkroom* se tornaram cada vez mais frequentes e com um número cada vez maior de participantes, sendo que cada um tinha de desembolsar 25 dólares. Elisabeth também começou a suspeitar que nem todos os dias Jay se saía bem com o auxílio dos espíritos, razão pela qual teria recorrido a meios escusos. Por isso, em junho de 1981, Elisabeth dispensou ambos de seus cargos.

O livro
Sobre a Morte e a Vida Depois Dela

Em 1983, minha irmã, Iris Wettstein, me trouxe da Suíça uma fita cassete com uma palestra que Elisabeth tinha dado em Meilen, sua cidade natal. Gostaria de reproduzir em seguida essa gravação na íntegra. Algumas passagens são semelhantes àquelas da entrevista apresentada anteriormente. Mesmo assim, parece-me oportuno permitir que o leitor sinta toda a espontaneidade da palestrante, que nunca fazia anotações, mas falava totalmente de improviso. Imagine que você está sentado em meio ao público, vendo ao lado de uma lousa grande uma mulher baixa, de 46 anos, dando essa palestra com um carisma amigável. Seus exemplos, embora não sejam no alemão padrão, penetram profundamente no coração dos ouvintes como frases elaboradas.

Viver e Morrer
Uma palestra em Meilen, junto ao lago de Zurique

"Olá a todos. Me disseram que na Suíça se deve começar toda palestra com 'minhas senhoras e meus senhores', mas isso não combina comigo. Por isso, digo 'olá a todos'. Antes de começar, preciso saber quantas pessoas aqui não entendem bem o alemão suíço. Se for só uma, tenho de falar em alemão padrão. É preciso sempre se adequar à minoria.

(Risos e aplausos.)

Bom, vou tentar falar em alemão padrão. Como cheguei ontem dos Estados Unidos, meu alemão ainda soa meio estranho. Se não entenderem alguma coisa, basta dizer. Temos apenas duas horas juntos. No final, vou esticar um pouquinho para responder o máximo de perguntas.

Iniciei este trabalho há cerca de vinte anos. Na época, ainda era muito, muito difícil trabalhar com pacientes terminais, pois ninguém se interessava por eles. E percebi que nos Estados Unidos esses pacientes eram negligenciados de maneira terrível. A maioria das pessoas não queria falar de câncer nem sobre o processo de morte. Não apenas aos adultos, mas também às crianças que estavam à beira da morte sempre se dizia: 'Tome seus medicamentos e faça tudo direitinho que você vai sarar'. Obviamente, depois de algum tempo, os doentes percebiam que não iam se curar. Então vinha a grande solidão, o grande abandono, a sensação de que não estavam autorizados a falar a respeito — não porque não quisessem, mas porque os outros, os enfermeiros e os familiares, não queriam ser lembrados de que logo os perderiam. Talvez o maior drama para os pacientes não seja o câncer ou a doença, mas a mentira, o ato de fingir que tudo vai voltar a ficar bem. Esses pacientes se sentem totalmente sozinhos e incompreendidos. E quando têm coragem de reconhecer que essa doença já não vai ser curada, precisam de uma pessoa que seja aberta e honesta, que não fuja do assunto, não minta nem conte histórias bonitas se as coisas não vão voltar a ficar bem.

Quando começamos nosso trabalho, percebemos que não havia uma pessoa sequer que não soubesse que a morte estava próxima. Não há quem não saiba. Muitos enfermeiros fazem esta pergunta estranha: 'Deve-se contar a verdade ao paciente? Quando se deve contar-lhe que sua doença não tem cura?' Esta é uma pergunta irrealista, pois, muitas vezes, os doentes já sabem antes de nós que não têm cura. Sabem disso intuitivamente.

A melhor maneira de ajudar pacientes terminais ou portadores de doenças graves não é dizer-lhes a verdade nem ser honesto com eles. Nesse caso, a grande arte é saber ouvir. Não o que vocês mesmos dizem, mas o que os pacientes lhes dizem. Aí, sim, vocês precisam reagir com honestidade. Quando o paciente perceber que não vão fugir, que não têm medo nem estão mentindo, logo sentirá tudo isso internamente; e quando houver tranquilidade e toda a agitação do dia no hospital ceder um pouco, então ele chamará o médico e lhe fará uma pergunta de maneira bem discreta. São perguntas-teste. Assim se pode chamá-las. É para testar se vocês estão sendo sinceros ou se também estão fugindo do assunto. Então, de repente lhes diz: 'Pois é, no Natal já não estarei aqui'. Em seguida, o paciente olha para vocês para ver como reagem. Se sentirem medo e isso os inquietar muito, irão dizer: 'Não diga bobagens. Vamos passar belos Natais juntos. Estarei de plantão no Natal, e vamos comemorá-lo juntos'. O paciente logo perceberá que não conseguem aceitar a realidade e nunca mais falará com vocês a respeito.

Mas se dispuserem de um minuto, sentarem-se ao lado da cama e disserem: 'Como é estar perto de se despedir de tudo?', o doente vai segurar a sua mão e dizer: 'Acho que já estou preparado. Quando chegar a hora, gostaria apenas que você entregasse o pacotinho que está no criado-mudo para minha irmã'. Ou então vai pedir para que conclua alguma pendência, pois só vocês terão capacidade de fazer isso se conseguirem aceitar essa realidade. Entendem o que estou querendo dizer? E se concordarem e não o impedirem de falar a respeito, se tiverem um pouco de tempo, dois, três, quatro minutos, não mais, então lhe perguntem se há alguma coisa que possam fazer. O paciente lhes contará tudo o que, em inglês, chamamos de '*unfinished business*', ou seja, uma pendência. Então vocês dirão: 'Se houver mais alguma coisa que queira dizer antes do dia da despedida, pode me ligar que estarei à sua disposição'. E talvez os pacientes liguem para vocês, para fazer um último pedido. E isso é tudo o que vocês têm a fazer.

Se entenderem a linguagem simbólica, vão perceber que os pacientes lhes dirão três coisas: a primeira é que precisam de ajuda. Atualmente, há toda uma equipe de enfermagem que é muito aberta e pode conversar a respeito. E vocês devem até oferecer ajuda para falar sobre o assunto. O paciente lhes dirá: 'Não, obrigado'. Se em dois dias doze pacientes lhes disserem 'não, obrigado', como vocês reagirão? O que essa resposta causaria em vocês? Mágoa? O que mais? (*Manifestações inaudíveis por parte do público, pois são feitas sem microfone.*) Vocês se perguntam o que há de errado. Sofrem. Ficam tristes. Agora terão de se perguntar por que reagem assim. Digamos que vocês tenham apenas duas semanas de vida, que estão com uma leucemia muito grave e em seu íntimo já sabem que só vão viver mais duas semanas. Gostariam que o administrador do hospital lhes mandasse alguém para ajudá-los com isso? Ou prefeririam encontrar um amigo com quem conversar a respeito? Entendem isso? Não é nada espontâneo resolver os problemas com um estranho. E por que vocês reagiriam de maneira negativa se alguém fosse sincero o suficiente e lhes dissesse: 'Não, obrigado'? Entendem o que estou querendo dizer? Sempre que reagirem de maneira negativa a uma pessoa, serão vocês a ficar com uma pendência. (...)

Alguém totalmente autoconsciente e confiante nunca reagiria de maneira negativa. Ficaria até feliz, pois assim teria mais tempo para os doentes que precisam da sua ajuda. Ficaria orgulhoso porque o paciente está tão confiante que tem coragem de dizer: 'Não, obrigado'. (...) Vocês diriam, então: 'Existe alguém no mundo que você queira ver?' E eles pedirão para que chamem pessoas em que vocês jamais pensariam. Nos Estados Unidos, geralmente são faxineiras e assistentes de enfermagem. Há sempre gente muito modesta no hospital, de quem esses pacientes simplesmente gostam e com quem se sentem bem.

Se o escolhido for algum de vocês, (...) o doente também lhe dirá quando precisa de ajuda. E nossos pacientes terminais nunca a pedem num momento agradável para vocês. Raramente pedem ajuda entre as nove da manhã e as cinco da tarde. Precisam dela às três da madrugada. Entre duas e três horas da manhã é o horário de pico em que os pacientes terminais precisam de ajuda. Neste momento, estou falando apenas daqueles que estão internados no hospital. Em casa, naturalmente isso é bem diferente. No hospital, sempre estamos muito ocupados, as pessoas vão e vêm. E os pacientes recebem injeções, infusões e tudo o que é possível. Não dá para filosofar com calma a respeito. Mas à noite, às duas, três horas, quando está escuro e silencioso e a tempestade já passou, de repente o doente pensa: será que agora é o fim? E então precisam de alguém a quem possam dar um sinal e que fique tranquilamente sentado ao lado deles, segurando sua mão. Desse modo, em dez minutos vocês conseguem fazer mais do que em dez horas durante o dia, quando sempre serão interrompidos.

A última coisa que os pacientes lhes dirão será sobre seus assuntos pendentes. Quando alguém puder morrer sem nenhuma pendência, realmente morrerá em paz, e mais tarde os parentes tampouco terão a necessidade infinita de fazer discursos fúnebres tão longos e importantes. Quando ouvimos um discurso desses, todo mundo é santo. Geralmente há exageros, e muitas vezes devido a sentimentos de culpa. Uma família que sente não ter feito o possível, posteriormente precisará de muito mais flores. Sempre digo às pessoas que elas precisam colher flores no campo e levá-las aos que ainda estão vivos num asilo ou num hospital. Depois da morte, não precisarão fazer nada disso. Tudo o que vocês puderem fazer antes da morte os ajudará a aceitá-la.

Quantos nesta sala já não deixaram de falar com a sogra alguma vez? Sabem do que estou falando? A sogra de alguém aqui já deve ter sido contra o casamento do filho. Aí vocês a puniram, passando dez anos sem falar com ela. Mas certamente vão comprar uma coroa de flores bem cara quando ela morrer.

(*Risos e murmúrios.*) Vocês não admitiriam que é por felicidade. Mas eu lhes sugeriria mandar a essa mulher ou ao sogro (...) um cartão de Natal, selando a paz — agora. Assim, depois da morte, vocês não ficarão com essa pendência.

O melhor exemplo de pendências (...) é o que se aprende com os pacientes terminais, que, ao final da vida, sempre dizem: 'Sabe, ganhei muito dinheiro na vida, mas nunca vivi de verdade'. E vocês ouvem isso por vinte anos de 100 mil pacientes no mundo inteiro. E, naturalmente, precisam se perguntar: como é possível viver sem ter medo da vida nem da morte? Os pacientes terminais são os melhores mestres — não sobre o processo de morrer e a morte, mas sobre como se pode viver voltando realmente a ser sincero como as crianças. Talvez nosso maior problema seja o de não sermos sinceros. Sempre pensamos tarde demais sobre o que poderíamos ter feito. Se vocês pensarem em como vivemos mal, não materialmente, mas no que se refere à sinceridade e ao amor pelo próximo, entenderão por que tantas pessoas têm sentimento de culpa, vergonha e medo não apenas da morte, mas também da vida.

Se ouvirem os pacientes terminais, perceberão que há muitas tragédias à beira da morte que as pessoas não querem reconhecer. Não me refiro àqueles que morrem de câncer. Muitas pessoas que morrem dessa doença têm a grande sorte (...) de possuírem tempo. Têm tempo para terminar todas as suas coisas. Mas talvez vocês saibam que nos Estados Unidos (...) um milhão de crianças fogem de casa porque apanham ou são espancadas, ou ainda porque não recebem amor. E muitas dessas crianças — entre elas, algumas são bem pequenas — simplesmente desaparecem. Imaginam o que é ter um filho que não volta para casa, e vocês não fazem ideia se está vivo ou morto?

Há quatro semanas, vi um menininho em uma calçada; devia ter 9 ou 10 anos de idade e estava ali sentado, totalmente perdido. Então, me sentei ao lado dele, que começou a conversar um pouco. Em seguida, levantou de repente a camiseta e pude ver todo seu tórax e suas costas cheios de feridas em forma de ferro de passar; estava em carne viva, um horror. (...) Havia feridas antigas e recentes. Ele as tinha recebido como castigo. Em seguida, me disse: 'Sabe, eu queria fugir, mas não sei para onde'. Então comecei a conversar com ele, e fomos a três instituições para ver se não era possível proteger essa criança. Eu estava viajando, por isso não podia levá-lo para casa. Na terceira instituição, um posto de assistência social, disseram: 'Bem, é preciso preencher todos esses formulários, pois ele ainda é menor de idade'. E ainda lançaram mão de muitos pretextos. Pedi encarecidamente ao menino que ficasse sentado na sala de espera e disse que iria ajudá-lo. Quando voltei, ele tinha desaparecido. Não sei onde essa criança está agora, se está viva ou se voltou para casa e foi espancada até a morte.

Nos meus *workshops*, 25% da população cresce sofrendo incesto. Vocês entendem que essas pessoas nunca serão completas? Sentem muito ódio e têm muitas pendências, muita dor dentro de si antes de completarem 8 anos de idade. Nos Estados Unidos, a terceira *causa mortis* de crianças entre 6 e 16 anos é o suicídio. Quando vocês trabalham com crianças que tentam desesperadamente tirar a própria vida no país mais rico do mundo, não podem deixar de se perguntar: o que estamos fazendo de errado? Elas têm tudo. Nos Estados Unidos, não falta nada. Por que há tantas pessoas pobres? Não apenas materialmente pobres, mas também de espírito. Não têm absolutamente nada para poderem levar uma vida correta. Um milhão de crianças desaparecem todos os anos; entre elas, 10 mil são assassinadas — 10 mil. Agora criamos uma enorme organização apenas para pais de crianças assassinadas. Eu gostaria de chamar a atenção de vocês para o fato de que o auxílio no processo de morte não é exclusivo do doente de câncer. Pessoas cujos filhos desaparecem e depois são encontrados mortos ou pais cujos filhos cometeram suicídio não recebem nenhuma ajuda, porque ninguém sabe o que lhes dizer. Então, simplesmente são abandonados, e tenta-se não pensar mais neles. São essas as pessoas que vocês precisam ajudar, e são essas as pessoas que *Shanti Nilaya* ajuda no momento.

Quando vocês trabalham com essas tragédias no dia a dia, tornam-se muito mais conscientes de quanto nós todos — ou seja, vocês e eu — somos culpados por elas. Mas como evitar tudo isso? É principalmente sobre esse assunto que eu gostaria de falar. Vocês não podem mudar o mundo. Podem apenas mudar a si mesmos. Se fizerem isso, tiverem coragem de viver honestamente e se livrarem de suas próprias pendências, vocês se tornarão muito mais abertos, as pessoas que sentem desespero, necessidade e dor perceberão isso e irão até vocês para receber ajuda. E vocês poderão ajudá-las porque não bloquearão seus próprios medos para fazer o que sua intuição lhes disser que são capazes de fazer.

Agora vou desviar um pouco do assunto, para que vocês compreendam como se faz isso. As pessoas não são apenas corpos. Se imaginarem o ser humano como um grande círculo, ele consistirá em quatro pedaços de bolo. O primeiro quadrante é o físico. É o mais importante de todos no primeiro ano de vida, mas é apenas um quarto. Quando os bebês nascem, precisam de muito amor e cuidado físico. E o que estou dizendo sobre recém-nascidos vocês podem agora transferir também para pacientes terminais e pessoas em asilos de idosos. Quando ajudam esses doentes terminais, vocês nunca lhes dão apoio psíquico ou emocional antes de o quadrante físico ter sido cuidado. Isso significa que os doentes, os idosos e os jovens precisam muito mais de contato físico. As pessoas idosas precisam muito mais de abraços. Uma pessoa de idade deveria receber pelo menos dois, três abraços por dia. Deve-se simplesmente tocá-las, pegá-las nos braços. Alguém precisa gostar dessas velhas rugas. Alguém precisa ter contato físico com essas pessoas; assim, elas se tornarão muito menos senis. Quando uma mulher tem câncer de mama e precisa fazer mastectomia, geralmente o marido deixa de tocá-la. Para ela, isso é tão ruim quanto o próprio câncer, pois se sente como se tivesse lepra ou uma doença contagiosa. São intocáveis. E isso atormenta muito mais essas pessoas do que o próprio câncer. Muita gente age dessa maneira. Se quando pequenos vocês tiveram muito contato físico, foram carregados no colo e paparicados, têm uma excelente base para se tornarem seres completos.

Do primeiro ao sexto ano de vida desenvolve-se o quadrante emocional. Nesse período, vocês recebem todos os fundamentos para a vida, que mais tarde os destruirão. Em nossa sociedade, o pior e maior problema é o quadrante emocional. Se vocês fossem criados *naturalmente* entre o primeiro e o sexto ano de vida, com cerca de 6 anos desenvolveriam um quadrante intelectual e não teriam nenhuma dificuldade na escola. Idealizariam a escola como uma aventura e adorariam ler. Mais tarde, na adolescência, desenvolve-se o quadrante intuitivo-espiritual, o quadrante anímico. Quando as crianças adoecem antes de crescerem, antes de superarem a adolescência, quando o quadrante físico é prejudicado, (...) o quadrante intuitivo se desenvolve precocemente. Devido a esse quadrante intuitivo precoce, crianças de 4, 5 e 6 anos têm consciência de sua morte. Crianças saudáveis não têm essa consciência, apenas as doentes, pois essa é uma compensação pela perda do quadrante físico.

Se vocês quiserem compreender a linguagem simbólica, conversem com os doentes, sejam eles crianças de 5 anos ou pessoas idosas, pouco importa. Não conversem de intelecto para intelecto, e sim com o quadrante intuitivo. O melhor exemplo para compreender o quadrante intuitivo de um paciente terminal é um desenho espontâneo. Se derem lápis de cor e um pedaço de papel a uma criança de 5 ou 6 anos e lhe disserem simplesmente: 'Faça um desenho para mim', ela fará um desenho espontâneo, que virá não do intelecto, mas de seu íntimo. Nesse desenho, a criança nos dirá que sabe que está morrendo e que ainda tem algumas pendências. Ela mostrará que pendências são essas. E em inúmeros casos uma criança de 5 anos também vai mostrar que viverá por mais um ano e meio. E mostrará isso por meio do desenho, com dois ou três anos de antecedência. Seu papel como auxiliar de pacientes terminais é o de interpretar o que as crianças estão tentando dizer para os pais. Vocês interpretam o desenho e ajudam os pais a entender que seu filho tem consciência do que está acontecendo com ele intimamente — e não intelectualmente — e que está sofrendo com isso; depois, vocês também dão aos pais um pouco de tempo para que possam pensar sobre o assunto.

Um dos exemplos mais belos, que traduzimos para o alemão e que estará disponível aqui, ao final da noite, é a *Carta a*

Dougy. Trata-se de uma carta que enviei a um garoto de 9 anos que estava muito próximo da morte. Disseram aos seus pais que ele ainda tinha três meses de vida. Os pais o levaram para assistir a uma palestra minha. No intervalo, o menino fez um desenho que me deu de presente. Perguntei-lhe de modo bem espontâneo: 'Vamos contar para a mamãe e o papai o que você desenhou aqui?' Ele olhou para os pais com certo ceticismo, depois me disse como um homem velho e sábio: 'Yes, I think they can take it'. (*Risos.*) Não sei como traduzir isso. 'Acho que eles aguentam.' Olhei novamente para ele e perguntei: 'Tudo?' E ele olhou mais uma vez para os pais e disse: 'Yes, I think they need to know it.' (*Acho que precisam saber.*) Um menino de 9 anos! Então eu disse aos pais que o filho deles sabia muito bem quão grave era a sua doença. A mãe começou a chorar e disse: 'Eu sei, ele só tem três meses de vida'. Olhei para o desenho e contestei: 'É absolutamente impossível. Três meses? Nada disso. Três anos, talvez, mas não três meses'. Então ela me abraçou, me beijou e agradeceu. E eu lhe disse: 'Não precisa fazer isso. Não tenho nada a ver com isso. Apenas interpreto a linguagem simbólica de crianças que estão para morrer'. Em seguida, ficamos amigos e conversamos um pouco durante o almoço. Às cinco horas, depois de terminado o *workshop*, que havia sido ministrado na Carolina do Norte, eu disse a essa pequena criança calva, que tinha perdido todo seu cabelo devido ao tratamento: 'Se precisar de mim antes de morrer, me escreva'. E lhe disse como deveria fazer, ou seja, para escrever no envelope com sua própria letra, pois dou a máxima prioridade às cartas de crianças. E como recebo milhares de correspondências, nunca consigo dar conta de tudo. Desse modo, ensinei-o direitinho como me encontrar. E depois de algumas semanas finalmente chegou uma carta, pela qual eu estava esperando ansiosamente. Vou dizer primeiro em inglês o que o menino me escreveu, para reproduzir suas palavras com exatidão: 'Dear Dr. Ross, I've only one more question left.' (Cara doutora Ross, só tenho mais uma pergunta.) .'What is life and what is death? And why do little children have to die? Love, Dougy.' Um menino de 9 anos! 'O que é a vida e o que é a morte? E por que crianças pequenas precisam morrer? Com amor, Dougy.' Em seguida, peguei as canetinhas coloridas da minha filha e escrevi para ele uma carta. Comecei a ilustrá-la para que ficasse mais bonita. Dobrei a carta, que ficou parecendo um livrinho infantil. Depois de pronta, gostei tanto dela que quis guardá-la para mim. Então, naturalmente meu intelecto logo interferiu para me desculpar: 'Tudo bem, pode ficar com ela; afinal, você vê milhares de crianças à beira da morte'. Tão logo vocês precisem de um pretexto para justificar alguma coisa, saibam que não estão agindo corretamente. Entendem? Em seguida, ocorreu-me que, após a morte, a vida inteira nada mais é do que a consequência de cada escolha que vocês fazem todos os dias. O ideal seria sempre escolher o melhor. E naquele momento eu soube muito bem que, se guardasse a carta, esta não seria minha melhor escolha. Então, fui ao correio e a enviei.

Isso foi em agosto. E esse menino de 9 anos ficou muito orgulhoso: tinha recebido um livro de mim. E o compartilhou com muitas outras crianças que também estavam para morrer. Isso aconteceu de agosto a março, quando me ligou e disse: 'Hoje é meu aniversário. Você foi a única pessoa que acreditou que eu ia comemorar mais um aniversário. Preciso te dar uma coisa no meu aniversário. E fiquei quebrando a cabeça para descobrir o quê. *And the only thing that comes to me* (e a única coisa que me vem em mente) (...) é te mandar de volta esse livrinho infantil.' Então ele me enviou o livrinho como 'presente de restituição', mas com uma condição: que eu o imprimisse para colocar à disposição de outras crianças em estado terminal. Como eu tinha sido capaz de me desapegar dele, agora ele alcançaria 10 mil crianças à beira da morte. Entendem como funciona a lei universal? *If you give something away without expectation* (Se vocês passam uma coisa adiante sem nenhuma expectativa)... Ela sempre retorna 100 mil vezes mais. E essas coisas vocês aprendem justamente com os pacientes terminais. Dougy morreu no dia 14 de dezembro do ano passado, três anos e meio após nosso primeiro encontro. Portanto, seu desenho estava absolutamente correto. É o que sempre se comprova. Trata-se da linguagem simbólica não verbal. É algo que vocês precisam experimentar por si mesmos. Se voltassem a viver naturalmente, não precisaríamos de nenhum curso sobre a morte ou a vida.

Existem cinco emoções naturais. O medo é uma emoção natural. Mas existem apenas dois medos naturais: o de cair de lugares altos e o de um barulho alto atrás de vocês. Portanto, se alguém aqui disparasse uma pistola, imediatamente eu teria um sobressalto. É um instinto de autopreservação, que mantemos enquanto estamos vivos. Todos os outros medos não são naturais e nos impedem de nos tornarmos completos.

Que tipos de medo vocês sentem? Me deem alguns exemplos. (*Vozes do público, repetidas por Elisabeth.*) Desemprego, doença, fracasso nos relacionamentos, ser amado, não amar o suficiente, solidão, morte, o que os vizinhos dizem, perda da pessoa amada. As pessoas temem o sucesso. Temem o contrário. Sentem milhares de medos. Enquanto vocês sentirem medo, nunca viverão. Tomarão suas decisões tendo o medo como pano de fundo. Quantos aqui nesta sala fazem exatamente o que querem? Do ponto de vista profissional e particular? Vocês deveriam ir agora mesmo para casa e mudar de profissão. (*Risos.*)

Ninguém deveria deixar de fazer o que mais gosta. Pois, fazendo o que gostam, vocês sempre terão sucesso. Assim, serão felizes. E farão outras pessoas felizes. Se apenas aprenderem uma profissão porque seu pai ou sua mãe assim o querem, vocês a exercerão com ressentimento por toda a vida. Talvez alguém aqui quisesse ser cantora, e o pai disse: 'Você deveria estudar contabilidade'. Sua escolha é tornar-se uma contadora amargurada ou uma cantora de sucesso. E, para isso, é preciso ter coragem, não dinheiro. Pois, se fizerem o que querem internamente, receberão toda ajuda do céu. Mas se fizerem alguma coisa por obrigação e não se sentirem felizes, assim ficarão por toda a vida. E também farão seu companheiro e seus filhos infelizes. Entendem o que digo?

As outras emoções naturais são a tristeza, a irritação, o ciúme e o amor. A maioria das pessoas acha o ciúme uma coisa feia. Mas o ciúme das crianças pequenas as ajuda a imitar outras crianças, a aprender a ler, a entender as letras, a tocar flauta, a andar de patins no gelo. Se vocês não fizerem do ciúme uma coisa feia, ele nunca se transformará na inveja feia nem na concorrência. É o que não é natural que traz muito sofrimento. Nenhuma criança está autorizada a expressar irritação e tristeza. Mas se não o expressarem como crianças, mais tarde ficarão cheias de desejo de vingança e ódio. Se as crianças não puderem chorar, serão adultos cheios de autocompaixão e depressão.

Isso é tudo o que vocês precisam saber. O amor é o maior problema. Quem sabe o que é o amor? A maioria das pessoas na nossa sociedade cresceu ouvindo coisas como: Eu te amo, se... Eu te amo *se* você arrumar o seu quarto. Eu te amo *se* você cortar o cabelo. Eu te amo *se* você tirar a barba. Eu te amo se você *se* casar com a pessoa certa, mas ela precisa pertencer à mesma igreja. Eu te amo *se* você terminar o ensino médio. Deus, será que eu te amaria *se* pudesse dizer: 'Meu filho, o médico'. E então vocês fazem de tudo só para comprar o amor. Mas amor não se compra. Se vocês entendem o que é o amor, sabem que ele é totalmente incondicional, não tem nenhuma expectativa, *no claims and no expectations*. Amo você sem esperar nada. Se conseguirem aprender o que é o amor incondicional e souberem dizer 'não' — o amor que diz "não" é o mais forte, o maior e o mais importante —, terão o mais importante de tudo para trabalhar com pacientes terminais.

Vou lhes dar um exemplo: o menino Jeffrey, de 9 anos, que desde os 3 não saía do hospital devido a uma leucemia muito grave. Durante seis anos ele nunca foi realmente saudável, perdeu os cabelos e teve de conviver com quimioterapia, dores, vômitos e muitas outras coisas para poder viver um pouco mais. Não acreditamos em acaso. Chamamos isso de condução, de *divine manipulation*, manipulação divina. Graças a ela, certo dia o visitei no hospital. Lá estava um médico muito jovem, que disse aos pais: 'We're going to try another chemotherapy' (Vamos tentar outra quimioterapia). Não gosto nada desse 'nós'. As enfermeiras sempre dizem: 'Agora vamos fazer uma lavagem intestinal'. (*Risos.*) Sabem o que eu gostaria de ministrar às enfermeiras? O 'nós' é um mau hábito. Também é falta de honestidade. O certo seria dizer: 'Tenho de fazer uma lavagem intestinal no senhor/na senhora'. Do contrário, teria de ser feita na enfermeira também. É humilhante. Não somos 'nós', mas o doente que terá de passar pelo sofrimento. E esse médico também disse: 'We're going to try another chemotherapy' (Vamos tentar outra quimioterapia). Então olhei para aquele menininho realmente desesperado e logo percebi que tudo aquilo se revirava dentro dele. (*Simbolicamente, ela faz o gesto de vomitar.*) Em seguida, eu disse: 'Alguém perguntou para o Jeffrey o que ele acha?' Obviamente, os adultos logo responderam: 'Não se pergunta a um menino de 9 anos se ele quer continuar o tratamento'. Então eu disse: 'Esse menino tem 9 anos só na idade; no que se refere à sua sabedoria interior, já é um homem bem idoso'. Alguém que tem um histórico de mais de seis anos de tratamento em um hospital sabe muito mais sobre leucemia do que eu como médica. Em seguida, acrescentei: 'Sabem, se puderem encorajar o menino, sem forçá-lo, e se ele realmente puder participar, o tratamento vai ser bem-sucedido. Mas se dentro dele tudo resistir, ele não apenas passará muito mal e piorará, como também o resultado será horrível'. Não apenas para o menino, mas também para os pais como espectadores e, por fim, para os médicos, pois não haverá sucesso. Os pais o amavam de verdade e também tiveram a coragem de dizer não pelo menino. Em seguida, deram-me a permissão, diante do médico, de fazer uma pergunta ao menino. E ele me deu uma resposta incrível. Olhou enojado para nós e disse: 'Não entendo vocês, adultos, que precisam fazer com que as crianças adoeçam para nos curar'. Conversamos a respeito. E, depois da nossa longa conversa, ele olhou para mim de repente e disse: 'No, thank you' (Não, obrigado). Foi o que sua raiva natural o fez dizer após quinze segundos. Fiquei muito orgulhosa dele, que olhou para mim, e os pais disseram: 'Estamos de acordo'. Os pais tiveram a coragem de aceitar a decisão do filho. Pensei: 'Fiz a minha parte'. E esse menininho de 9 anos olhou para mim de maneira penetrante e disse: 'Não, não é só isso. Quero ir para casa agora'. Pois não acreditou que os adultos mantivessem sua decisão tão logo eu fosse embora. Então olhei para o relógio — essa também é uma linguagem simbólica e não verbal, que naturalmente quer dizer: não posso ir com todas as crianças para casa. E ele deu um sorriso maroto e disse: 'Sabe, só vai demorar uns dez minutos'. Após dez minutos, já tínhamos arrumado as malas e saímos do hospital. Fomos para a casa dele e entramos na garagem. Olhei de novo para o relógio e pensei: 'Quanto tempo mais isso vai demorar?' E ele me olhou de novo com seu sorriso maroto e disse: 'Só tenho mais uma coisa para fazer e quero que você esteja presente'. Entramos com o carro na garagem — pai, mãe, a criança e eu —, e ele pediu ao pai que pegasse sua bicicleta no suporte. A bicicleta era nova em folha, mas já estava pendurada ali havia três anos. O maior sonho da sua vida era poder dar uma volta com ela no quarteirão. Nunca tinha podido fazer isso, pois sempre estivera muito doente. E, naquele momento, também estava muito doente, pálido como cera, quase sem conseguir ficar em pé. Parecia um menininho embriagado, sem cor e enfermo. Em seguida, pediu ao pai que pusesse a bicicleta no chão. Com lágrimas nos olhos, disse: 'Put my training wheels on' (Ponha as rodinhas nela). O pai aparafusou as rodinhas de apoio com os olhos marejados. Não sei se vocês estão entendendo a coragem que um menino de 9 anos precisa ter para pedir uma coisa dessas. Precisa de *humility*, ou seja, de modéstia e humildade. É o que os adultos deveriam aprender: humildade. O pai preparou a bicicleta e olhou para mim: 'Você só está aqui para segurar a mãe'. Entenderam? Pois a mãe queria carregar o filho, sentá-lo na bicicleta, segurá-lo o tempo todo e correr atrás dele, como se fosse um bebê. Mas, nesse caso, ele nunca realizaria seu desejo. Então abracei a mãe, e seu marido me abraçou — nos abraçamos mutuamente, contendo-nos. E aquele menino frágil saiu de bicicleta como um bêbado. Ainda lhe demos um empurrão, para que ele ganhasse um pouco de velocidade. Vocês podem imaginar quão longa foi essa expectativa para nós. Ele subiu sozinho na bicicleta, como uma criança muito fraca e doente. Quando voltou, sorria de orelha a orelha e parecia ter ganhado uma medalha de ouro nas Olimpíadas. Então, olhou para mim e disse: 'Agora você pode ir'. Tê-lo visto realizar seu grande desejo foi um presente que ele me deu. Duas semanas depois, fiquei sabendo do final da história. Ele havia sido enterrado uma semana antes. Depois que fui embora, ele perguntou aos pais se podia levar a bicicleta para o seu quarto — sem as rodinhas de apoio. Quando o irmão voltou para casa da escola — estava na primeira série —, ele o chamou e lhe deu a bicicleta de presente de aniversário, que seria duas semanas depois. E lhe disse com toda clareza: 'Sabe, não vou estar mais aqui no seu aniversário, mas quero te dar essa bicicleta pessoalmente. Mas só com uma condição: *'That you never use those damn training wheels.* (Que você nunca use essas malditas rodinhas de apoio)'. Ainda conseguiu lhe dar pessoalmente esse grande presente.

Vocês entendem que esses pais e os irmãos não tiveram de cumprir nenhum trabalho de luto? Já estavam tristes. A tristeza é uma emoção natural. Mas não tiveram de trabalhar o luto, que significa o seguinte: 'Se pelo menos eu tivesse feito isso e aquilo!' O trabalho de luto é culpa, vergonha e medo. E isso pode ser evitado. A beleza da vida é que todo paciente terminal lhes diz exatamente o que precisa. Vocês não teriam de passar pelo luto se conseguissem ouvi-los e tivessem coragem de fazer o que lhes pedem. E agora precisamos de um pouco de ar puro. Obrigada. (*Aplausos e pausa.*)

Há poucos meses, uma jovem mãe me perguntou se eu poderia ajudá-la a compreender por que seu filho de 11 anos tinha tirado a própria vida. Então eu lhe disse que a ajudaria com prazer, mas que ela teria de me dizer o que havia acontecido nas últimas 24 horas da vida dele. E essa mãe disse: 'Não aconteceu nada. Era uma criança saudável, feliz e normal, que sempre fazia o que mandávamos'. Então pedi que ela repetisse o que havia acabado de dizer, mas ela não ouviu e disse: 'Não aconteceu absolutamente nada nas últimas 24 horas'. E insisti: 'Conte-me simplesmente como ele passou seu último dia de vida'. E ela respondeu que o menino havia voltado da escola para casa amuado. Isso não é muito fora do comum, mas é fora do comum que ninguém tenha lhe perguntado: 'Por que você está tão triste?' Ninguém. Antes do jantar, o pai lhe indagou: '*What's the matter with you?* (O que há com você?)' Desse jeito, é óbvio que a pessoa não consegue compartilhar seu sofrimento. O menino confessou então que tinha tirado duas notas ruins. As notas não eram tão ruins, mas não eram perfeitas. Porém, só ficaram sabendo disso depois que ele morreu. A resposta do pai foi a seguinte: '*So you don't care?* (Então você não está nem aí?). E ordenou a toda a família que não olhasse para ele durante o jantar. Não sei se vocês conseguem imaginar como é uma criança de 11 anos que já está deprimida e ainda por cima se sente fracassada; que à mesa do jantar finalmente confessa — não tudo, só um pouco —, mas todos para quem ela olha desviam o olhar. É uma coisa horrível para uma criança pequena. O menino não conseguiu terminar de comer, foi para o quarto e esperou alguém ir vê-lo. Tinha cinco irmãos e irmãs. Ninguém foi até seu quarto. Às oito e meia ou nove horas, a mãe foi dar um beijo de boa-noite nos outros filhos e pensou que estava na hora de dar uma lição no menino. Decidiu não passar pelo quarto dele. Na manhã seguinte, às seis horas, o menino se matou com um tiro.

E depois os pais ainda disseram: 'Não aconteceu nada'. Não é nada para uma criança se todos simplesmente lhe dão as costas só porque ela não tirou notas boas. Eu diria que de 90% a 95% de todas as crianças pequenas que tiram a própria vida nunca receberam amor incondicional. E, quando vocês voltarem para casa, espero que reflitam um pouco a respeito, sobretudo agora, perto do Natal. Façam uma lista para saber se vocês realmente são capazes de amar alguém incondicionalmente. Se conseguirem aprender isso, verão que toda sua vida irá mudar. Então perceberão (...) que há leis universais que de fato tornam sua vida bela e simples. Se derem alguma coisa de coração, sem esperar nada em troca, posso lhes garantir que receberão mil vezes mais. Não sei citar exatamente aquela frase da Bíblia: '*Ask and you wil be given*' (Pedi e vos será dado). É 100% verdadeira — mas apenas se vocês fizerem tudo o que puderem.

Pedimos a crianças em estado terminal que nos façam um desenho. Damos-lhes instruções de como e o que deve ser desenhado, mas elas só podem usar lápis de cor. Essas crianças nos dizem (...) onde estão doentes, quão grave é sua doença, quais são suas pendências e muitas vezes também quanto tempo de vida ainda têm. Além disso, reproduzem como imaginam ser o céu ou a vida após a morte. Como já vimos e comprovamos isso milhares de vezes, um belo dia tivemos a seguinte ideia: se o ser interior, ou seja, a alma ou sua confiança intuitiva tudo sabe, inclusive coisas que o cérebro não compreende, então deveríamos utilizar esse conhecimento para ajudar melhor os doentes. Muitos médicos vêm aos nossos *workshops* e seminários por causa disso. Nós os incentivamos a voltar a ser humildes e a aceitarem com modéstia a realidade de que os pacientes podem nos dar tanto quanto nós podemos dar a eles. Esta também é uma lei universal: todo bem é recíproco.

Um médico se especializou nessa matéria e o instruímos para que, depois que ele verificasse o diagnóstico, por exemplo, de câncer, e antes que tratasse o paciente com radioterapia, cirurgia, quimioterapia ou algo semelhante, pedisse ao paciente para fazer um desenho, imaginando como ficaria após o tratamento aplicado e mostrando todas as possibilidades que teria. Se virem os desenhos antes de iniciar o tratamento, saberão antecipadamente qual método ajudará mais o paciente. Esse homem fez isso. E vou lhes mostrar o melhor exemplo em absoluto de que disponho para impressioná-los e incentivá-los a aprender essa arte.

Trata-se de um homem de 45 anos que estava com câncer. O médico lhe pediu para fazer um desenho, imaginando como seria seu câncer. E o paciente desenhou um homem alto. Vamos mostrar aqui na lousa apenas sua barriga, para que vocês possam ver melhor. Toda a barriga estava cheia de círculos vermelhos e concêntricos. Assim ele imaginou as enormes células cancerosas, das quais seu corpo estaria repleto. No segundo desenho, o médico lhe pediu para imaginar que efeito teria a quimioterapia em seu câncer. Esse tratamento era o mais recomendado. O homem desenhou então setas pretas apontando para cada célula cancerosa. O curioso no desenho era que toda seta ricocheteava ao atingir a célula cancerosa. Naturalmente, logo se viu que esse homem sabia que rejeitava uma quimioterapia. Partindo de nosso conhecimento intelectual, isso não faz nenhum sentido, pois quase todos os doentes com esse tipo de câncer reagem de maneira muito positiva à quimioterapia. Porém, internamente, esse homem já sabia que este não seria o melhor tratamento para ele. Como o médico era muito humilde e aberto, enviou-me esse paciente. Olhei junto com ele o desenho e perguntei a esse homem muito inteligente: 'O que o médico lhe disse sobre a quimioterapia?' E ele me respondeu: 'O médico me disse que a quimioterapia irá matar as células do meu câncer'. Obviamente, eu logo acrescentei: 'Isso mesmo. *Go and get it*' (Então, faça o tratamento). E o homem assumiu uma expressão muito triste. Perguntei-lhe novamente, porque percebi que tinha perdido alguma coisa. Na segunda vez, ele voltou a dizer: 'O médico me disse que a quimioterapia irá matar as células do meu câncer'. Então, indaguei: 'Sim, mas?' Ele me lançou um olhar inquisidor e, muito sério, disse: '*Thou shalt not kill*' (Não matarás). Olhei incrédula para ele e perguntei:

'Nem mesmo as células do seu câncer?' E ele respondeu: 'Não, sou quacre. E como quacre fui ensinado desde criança a não matar. De algum modo, isso não é correto para mim. Não me sinto bem com essa situação. Não, acho que prefiro morrer a matar'.

Resta saber se vocês, como médicos, conhecem e praticam o amor incondicional. Se condenarem esse homem, não conseguirão ajudá-lo, e ele tampouco os ajudará. Mas se praticarem o amor incondicional, irão dizer-lhe: 'Deus, como este mundo seria belo se todo mundo acreditasse que não se deve matar'. Tenho muito respeito por essas pessoas e lhe disse isso abertamente. Mas também precisei ser sincera. Por isso, acrescentei: 'Só que sou médica, e meu desejo é que meus pacientes se curem. Agora você também tem de fazer uma coisa por mim. Vou mandá-lo para casa e quero que pense em como poderá se livrar desse câncer'. Perceberam a diferença das palavras? Não 'matar', mas 'se livrar'. E ele me respondeu: 'Tudo bem, vou pensar'. Ninguém o pressionou com frases como: 'Que espécie de candidato ao suicídio é você? Não querer fazer quimioterapia?!' Ninguém lhe incutiu sentimento de culpa. Simplesmente se aceitou seu modo de ser, dizendo-lhe com sinceridade: 'Meu desejo é curá-lo'.

Uma semana depois, esse excelente senhor voltou. Tinha desenhado um homem com uma barriga gigantesca. E, em vez de estar repleta de células cancerosas vermelhas, essa barriga continha anõezinhos. Sabem aqueles anões, os gnomos? Vou desenhar apenas um, grande o suficiente para vocês poderem ver. E, com carinho, cada anão levava embora uma célula cancerosa. Podem imaginar? Nunca fiquei tão emocionada na vida. Liguei para seu oncologista e lhe disse: 'Agora o homem está pronto para a quimioterapia'. O médico ministrou a quimioterapia a esse paciente, que hoje está curado.

Esse é o lado belo da medicina holística. (...) Espero que todos nós nos tornemos modestos, que escutemos nossos semelhantes com atenção, que os aceitemos como eles são, e não como gostaríamos que fossem. E assim poderemos nos presentear reciprocamente. Desse modo, muitas pessoas receberão o tratamento ideal, sem rejeitá-lo por motivos interiores (...).

Como só temos meia hora, ainda vou falar rapidamente sobre a morte e a vida após a morte. Todo o restante, ou quase tudo, vocês podem ler em livros. Porém, sobre a morte e a vida após a morte temos apenas *teaching tapes* (aulas em fitas cassete), mas ainda nenhum livro. Acho que já é hora de as pessoas saberem que a morte não existe — não como a imaginamos. Falamos sobre os quadrantes do corpo. Tenham mais contato físico com as pessoas idosas. Levem seus filhos aos asilos, deixem que circulem pelo ambiente, se afeiçoem às rugas e mostrem um pouco aos idosos que ainda são aceitos, inclusive fisicamente. Com isso, vocês podem evitar muita senilidade. Deem aos doentes de câncer o elixir de morfina em forma de xarope a cada quatro horas, e não como injeção; assim, permitirão que vivam de maneira consciente até o último dia. Com as injeções, a pessoa fica anestesiada e, ao acordar, tem um único pensamento: 'Quando vai ser a próxima injeção?' Se lhe ministrarem esse xarope — não estou falando do coquetel de Brompton, mas do xarope elixir de morfina — a cada quatro horas, dia e noite, a única desvantagem é que o paciente terá de acordar à noite, para que o nível da substância no sangue se mantenha sempre alto. Assim, ninguém sente dor. O medicamento deve ser dado antes de a dor aparecer. E a pessoa não ficará dependente nem sofrerá superdosagem. O maior auxílio é permitir que esses pacientes vivam sem dor até morrer. As pessoas não precisam sentir prurido nem se coçar, não precisam ficar molhadas de urina nem sujas de fezes. Precisam de contato físico, permanecer sem dor e conscientes. Do ponto de vista físico, isso é o mais importante para os doentes. Se houver médicos... temos muitos formulários.

O quadrante emocional: permitam que seus filhos exprimam a irritação sem apanhar, que fiquem tristes sem ouvir: 'Meninos não choram'. Do contrário, eles ficarão muito doentes quando se tornarem adultos. Se as crianças puderem ficar bravas (...) e não apanhar, se vocês as educarem com amor incondicional e disciplina constante — sem punições —, elas aprenderão com seus próprios erros e serão como nós fomos criados. Também gostarão de ir para a escola e de aprender. E, quando adolescentes, começarão de repente a fazer perguntas sobre a vida, de onde viemos, qual a finalidade da vida, o que vem depois dela. E vocês serão tão abertos e intuitivos que já não terão problemas com seus filhos quando eles crescerem. Se vocês se tornarem intuitivos, perceberão que os doentes, os pacientes com doenças graves, as crianças em estado terminal e as pessoas idosas lhes dizem muitas coisas que agora ainda mantêm em segredo, pois temem que vocês lhes apliquem alguma nomenclatura psiquiátrica. Quando falo da vida após a morte, ouço dizerem: 'Lá vem a pobre doutora Ross com sua história maluca'. Muitas pessoas dizem que vi pacientes terminais em demasia e que acabei ficando meio estranha. A opinião que as outras pessoas fazem de vocês é problema delas, não seu. Isso é muito importante. (*Aplausos*.) Se vocês tiverem a consciência tranquila e fizerem seu trabalho com amor, vão cuspir em vocês, vão dificultar sua vida, e, dez anos mais tarde, vocês receberão dezoito títulos *honoris causa* pelo mesmo trabalho. (*Risos*.)

Assim é minha vida agora. Quando a gente passa muitos e longos anos ao lado de crianças e idosos em estado terminal, ouvindo-os de verdade, percebe que todo ser humano sabe quando a morte está próxima. Então chega alguém e diz a vocês 'até breve', quando vocês nem pensam que essa pessoa já está perto de morrer. E se não contestarem isso, mas permanecerem sentados ao lado dela, essa pessoa irá lhes dizer tudo o que quer. E, quando ela morrer, vocês ficarão com uma sensação boa de que talvez tenham sido os únicos que não rejeitaram a iminência da sua morte.

No mundo inteiro, estudamos 20 mil casos de pessoas que foram dadas clinicamente como mortas, mas que voltaram à vida, algumas de maneira natural, outras através de medidas de reanimação. Vou lhes dizer, de maneira bastante genérica, o que cada pessoa vive no momento da morte, e o que vou contar é uma verdade universal, que vocês podem estudar nos aborígenes da Austrália, nos hindus, nos muçulmanos, nos cristãos e em descrentes absolutos. Trata-se de uma vivência universal e totalmente independente de credo, idade e condição econômica. É um acontecimento humano, assim como um bebê humano sempre nasce do mesmo jeito, a não ser em caso de cesariana. Assim como o processo de nascimento é um acontecimento humano, a vivência da morte é quase idêntica. É um nascimento em outra existência, que pode ser comprovada de maneira bem simples. Aquilo em que vocês acreditaram por dois mil anos é (*ou melhor, tornou-se*) para mim algo totalmente diferente, ou seja, algo para saber, e não para acreditar. Se quiserem saber como é, eu lhes digo. Se não quiserem, não faz diferença. Quando morrerem, vão ficar sabendo de todo jeito. (*Risos.*)

Vou ficar ali sentada, feliz com aqueles que agora dizem: 'Pobre doutora Ross'.

Imaginem que há três níveis no momento da morte. Isso vai ajudá-los a compreender por que há uma confusão tão grande em torno dela. Se aceitarem a linguagem que utilizo com as crianças em estado terminal, também digo na *Carta a Dougy* que a morte humana, a morte física do ser humano, é idêntica ao que acontece com a borboleta quando ela sai do casulo. O casulo é seu corpo humano temporário, não vocês. É apenas uma morada passageira, se assim puderem imaginar. Morrer significa apenas mudar-se para uma casa mais bonita, se é que posso usar essa simbologia. Se esse casulo for danificado — quer por um suicídio, quer por um assassinato, por um infarto ou por uma doença crônica, a causa da morte não desempenha nenhum papel nesse momento —, tão logo o casulo é prejudicado de maneira irreversível, ele libertará a borboleta. Provavelmente vocês a chamarão de alma. Simbolicamente falando, estou me referindo à borboleta.

Nesse segundo nível, quando a borboleta está livre (...), vocês vivenciarão coisas muito importantes, que precisam saber para não terem mais medo da morte. O primeiro nível precisa de energia física. Para poderem se comunicar com seus semelhantes, vocês precisam de um cérebro que funcione — em inglês, chamamos isso de *consciousness*, ou seja, a consciência. Se o cérebro ou o casulo estiver muito danificado, naturalmente vocês já não vão ter consciência. Quando não a têm mais porque o casulo foi muito prejudicado a ponto de vocês não respirarem nem terem batimentos cardíacos nem ondas cerebrais, a borboleta já voou do corpo. Mas isso ainda não significa que estão mortos, simplesmente que o casulo já não está funcionando. No entanto, do ponto de vista clínico, vocês já não têm nenhum sinal de vida. Em seguida, passarão para o segundo nível: sairão do corpo. Essa é a energia psíquica. A energia psíquica e a energia física são as duas únicas energias que o ser humano é capaz de manipular.

A maior dádiva que Deus deu aos homens é o livre-arbítrio. Somente o ser humano possui livre-arbítrio. Vocês têm a escolha de utilizar essa energia de forma negativa ou positiva. Sua vida no corpo e nesse nível seguinte pode ser negativa ou positiva — exceção feita à experiência da morte. Se vocês forem uma borboleta livre, se sua alma já tiver saído do corpo, saberão de imediato o que aconteceu no local de sua morte, seja quarto do hospital, na área do acidente ou onde quer que tenham deixado seu corpo. Isso não significa consciência. Em inglês, chamamos isso de *awareness* (*percepção*). Vocês perceberão tudo quando já não tiverem ondas cerebrais, batimentos cardíacos nem respiração. Saberão exatamente o que cada um diz, pensa e como se comporta. E, em seguida, poderão dizer: 'Foram necessários três ferros de solda para tirar meu corpo do automóvel'. Houve até pessoas que nos deram a placa do carro que as atropelou, sendo que o motorista havia fugido sem socorrê-las. (...) Elas sabem tudo. Do ponto de vista científico, não faz nenhum sentido que alguém que já não apresenta ondas cerebrais consiga lhes dizer o número da placa de um carro. Nesse momento, é preciso ter aquela humildade de que lhes falei antes para aceitar que há milhões de coisas que ainda não compreendemos. Mas isso não significa que elas não sejam reais nem que não existam.

Se agora eu soprasse um apito para cães, vocês não ouviriam nenhum som, mas o cão, sim. Isso significa apenas que o ouvido humano não está afinado com essa frequência. Do mesmo modo, o ser humano médio não é capaz de reconhecer essa alma que sai do corpo. Porém, essa alma que sai tem comprimentos de onda para entender tudo o que acontece no local do acidente ou onde quer que a morte ocorra. Muitas pessoas também saem do corpo durante uma cirurgia e a assistem em tempo real. Sobretudo os médicos e as enfermeiras precisam saber disso (...). Por isso, por favor, [durante a cirurgia] conversem apenas sobre coisas que vocês desejam que os pacientes também possam ouvir. É uma vergonha o que as pessoas dizem na presença de pacientes inconscientes. E muitas vezes eles entendem tudo. Vocês precisam saber disso. Mesmo que vocês vão até uma mãe ou um pai em estado terminal e que já se encontra em coma profundo, saibam que essa mulher ou esse homem ouve tudo o que vocês dizem. E não será tarde demais para dizer 'sinto muito' ou 'amo você', ou o que mais sentirem necessidade de dizer. Nunca é tarde demais. Mesmo depois da morte, pois os mortos ouvem tudo o que vocês dizem. Portanto, vocês ainda podem resolver pendências depois de dez ou vinte anos, deixando sua culpa para trás para poderem voltar a viver.

Nesse segundo nível, o morto, se é que posso dizer assim, também percebe que voltou a ser completo. Quem era cego volta a enxergar. Quem não ouvia nem falava volta a falar e a ouvir. A primeira coisa que meus pacientes com esclerose múltipla, que muitas vezes dependiam de cadeira de rodas e tinham dificuldade para falar e enxergar, me contaram cheios de alegria foi: 'Doutora Ross, pude dançar de novo'. E são milhares de pessoas em cadeira de rodas que finalmente conseguiram dançar de novo. Quando voltam, é claro que retornam para seu corpo antigo e doente, e compreendem que essa experiência foi bem-aventurada e lhes deu muita alegria. A primeira coisa que uma menina que perdeu os cabelos por causa do tratamento contra o câncer (...) me disse foi: 'Eu tinha meus belos cachos de novo'. Mulheres que perderam o seio o tiveram de volta. Voltam a ser completas. São perfeitas.

Muitos dos meus colegas céticos dizem: 'Isso é a projeção de um desejo'. Cinquenta e um por cento de todos os meus casos foram de morte repentina. E não creio que alguém vá ao trabalho pensando nas próprias pernas ao atravessar a rua a pé. Porém, ao sofrer um grave acidente, sente que ainda possui ambas, mesmo ao ver uma delas amputada na rua. Entendem o que quero dizer? Mas, naturalmente, essa não é uma prova para os céticos. Para tranquilizá-los um pouco, fizemos um estudo com pessoas cegas. Selecionamos apenas cegos sem nenhuma percepção da luz há dez anos ou mais. E esses cegos que passaram por essa experiência e retornaram podem dizer-lhes em detalhes quais eram as cores das roupas que vestiam, que tipo de joias usavam, qual a estampa de seu pulôver ou da gravata. Entendem? Isso não é uma coisa que dá para fantasiar. Portanto, vocês podem comprovar isso muito bem se a resposta não lhes causar medo; do contrário, virão até mim como alguns céticos, que disseram: 'Isso é consequência da falta de oxigênio'. (*Risos.*) Se fosse falta de oxigênio, eu o prescreveria a todos os meus pacientes cegos. Quando as pessoas não querem entender isso, vêm com 100 mil respostas. Esse é o problema delas. Não precisam tentar converter os outros. Seja como for, quando morrerem, saberão da verdade.

Nesse segundo nível, vocês também vão perceber que ninguém pode morrer sozinho. Quando saímos do corpo, vamos para um local onde já não existem tempo, espaço nem distância. Estes são fenômenos humanos. Alguém pode, por exemplo, morrer no Vietnã e pensar na própria mãe, que está em casa, nos Estados Unidos, e com a velocidade de um pensamento esse filho estará junto da mãe, a milhares de quilômetros de distância. Entendem? Não existe distância. Muitas pessoas se deram conta de repente de que alguém estava com elas e, um dia depois, o telefone tocou, ou chegou um telegrama anunciando que seu parente havia morrido a milhares de quilômetros de distância. Essas pessoas são muito intuitivas e normalmente não sabem disso.

Nesse nível, vocês percebem, portanto, que ninguém pode morrer sozinho. Não apenas porque quem morre é capaz de visitar quem quiser, mas também porque aqueles que já morreram esperam por vocês. Como o tempo também não existe, alguém que tenha perdido um filho de 10 anos pode reencontrá-lo, mesmo que morra aos 90... O filho ainda estará lá. Pois, no outro lado, 100 anos são como apenas um minuto para nós aqui. O que a Igreja ensina às crianças sobre anjo da guarda também é um fato. Já se comprovou que toda pessoa é acompanhada desde o nascimento até a morte. Todo mundo tem isso, quer acredite, quer não, seja judeu ou católico ou tenha outra religião. Não faz diferença, pois o amor é incondicional. Todos os seres humanos recebem a dádiva desse acompanhante. São eles que minhas crianças chamam de *playmate*, companheiro de brincadeiras. Crianças muito pequenas conversam com esses companheiros e têm total consciência de que eles existem. E mais tarde, quando vão para o primeiro ano na escola, a mãe e o pai lhes dizem: 'Agora você é um menino crescido, vai para a escola e já não está na idade dessas brincadeiras'. Então a criança esquece esse companheiro até se encontrar no leito de morte. Certa vez, uma senhora muito idosa me disse: '*Here he is again*' (Aqui está ele de novo). Como eu sabia do que ela estava falando, perguntei-lhe se não queria me contar. E ela respondeu: 'Sabe, quando eu era bem pequena, ele estava sempre comigo, mas acabei me esquecendo completamente de que ela existia'. Um dia depois, ela morreu feliz, pois alguém de quem ela gostava muito estava esperando por ela novamente.

Em geral, quem os espera (...) é sempre a pessoa que vocês mais amaram. Essa pessoa sempre vem primeiro. Isso significa que, no caso de crianças pequenas, cujos avós e pais ainda estavam aqui e nunca perderam ninguém na vida, será sempre um anjo da guarda ou Jesus — se a família for cristã —, ou simplesmente uma figura religiosa a esperá-las. Nunca vi uma criança protestante que morreu e viu Maria, mas vi muitas crianças católicas que a viram. Não se trata de discriminação, significa apenas que as pessoas que esperarão por vocês serão aquelas que têm maior importância na sua vida.

Quando se está nesse segundo nível, nesse corpo perfeito, e volta-se (...) a perceber que a morte é apenas uma passagem para outra forma de vida, deixam-se as formas físicas para trás, pois elas já não serão necessárias. Antes de se deixar o corpo e assumir a forma que se terá na eternidade, é preciso passar por essa fase transitória, que é totalmente condicionada pela cultura. Pode ser um túnel, uma ponte, um portão. Para mim, como suíça, naturalmente seria um desfiladeiro com flores alpinas. Cada um recebe o céu que imagina. Para mim, a Suíça é o céu, e por certo precisa ter flores alpinas e montanhas. Assim é minha experiência, com um lindo desfiladeiro ilimitado, com prados como se fossem um tapete persa, cheio de flores. E quando vocês atravessam essa passagem — seja ela uma ponte, um túnel ou um desfiladeiro nos Alpes (...) —, verão uma luz ao final desse túnel. Essa luz é muito branca e clara. Quanto mais se aproximarem dela, mais serão preenchidos pelo amor, que é indescritível, incondicional e o maior que vocês possam imaginar. (...) Não há palavras para descrevê-lo. Quando alguém passa por essa experiência de quase morte, só está autorizado a ver essa luz, depois precisa retornar. Mas quando vocês morrem definitivamente, essa ligação entre o casulo e a borboleta, que é quase como um cordão umbilical, é rompida. Nesse caso, vocês já não poderão voltar. Tampouco vão querer voltar. Quando virem a luz, não vão querer voltar. Nela vocês experimentam pela primeira vez o que o ser humano poderia ter sido. Experimentam apenas compreensão e nenhuma condenação. Então, vivem o amor incondicional, que é impossível de ser descrito. E nesse presente — ao qual as pessoas dão diversos nomes, como Cristo, Deus, amor ou luz —, vocês se darão conta de que toda a sua vida nada mais foi senão uma escola pela qual tiveram de passar, prestando determinadas provas e aprendendo determinadas coisas. Depois de superarem essa fase, poderão voltar para casa. As pessoas me perguntam: 'Por que essas crianças lindas precisam morrer?' Simplesmente porque aprenderam em um período muito curto o que é preciso aprender. São coisas diferentes para pessoas diferentes.

Mas uma coisa todo mundo tem de aprender antes de poder voltar para a condição de onde veio: o amor incondicional. Depois de aprendê-lo e praticá-lo, terão superado a maior prova de todas. Enquanto estiverem na presença dessa luz, de Deus, Cristo ou como quer que o chamem, terão de observar sua vida mais uma vez desde o primeiro dia até a morte. Nesse terceiro nível, vocês já não têm consciência nem percepção, mas têm todo o conhecimento, todo mesmo. Conhecem exatamente todo pensamento que tiveram na vida, (...) toda palavra que disseram. Mas esta é apenas uma ínfima parte do seu conhecimento. Nesse momento em que estão revendo por completo a própria vida, vocês também conhecem todas as consequências de cada pensamento, todas as palavras e todas as ações. (...) Mas Deus é o amor incondicional. Vocês são seu próprio e pior inimigo. Então pensam: 'Ah, meu Deus, tive tantas oportunidades. Minha casa pegou fogo, meu filho morreu, meu marido ficou ferido, tive um derrame. Milhares de possibilidades de crescer. Crescer em compreensão, no amor, em todas as coisas que podemos aprender. Mas, em vez disso, sempre me tornei mais amarga, mais furiosa, mais negativa'. Entendem o que quero dizer?

Fomos criados para uma vida bem simples, bela e maravilhosa. Devo enfatizar que não é apenas nos Estados Unidos que as crianças são espancadas e esquecidas, mas também na maravilhosa Suíça. Meu grande desejo é que vocês vejam a vida de outra forma. Se a virem tal como ela foi pensada, já não perguntarão qual vida deve ser prolongada. Então ninguém perguntaria mais se deveria dar uma superdose de medicamento a alguém, para diminuir sua dor. A morte não precisa ser precedida de sofrimento. A medicina hoje é tão fantástica que podemos manter todo paciente terminal sem dor. Se vocês tratarem os doentes com carinho, livrando-os da dor, e se tiverem coragem de levar todos os seus pacientes terminais para casa — todos mesmo, se possível —, então, ninguém irá lhes pedir uma superdose. (*Aplausos.*) Em vinte anos, apenas uma pessoa me pediu uma superdose, e não entendi por quê. Sentei-me a seu lado e lhe perguntei: 'Por que quer uma superdose?' E, de repente, ela me disse: 'Não sou eu que quero; é minha mãe. Ela não consegue mais me ver assim, e lhe prometi que pediria uma injeção'. Então, é claro, conversamos com a mãe e a ajudamos. O que ela sentia não era ódio, mas não tinha forças para enfrentar essa situação.

E devo dizer que é uma bênção para muitos ter câncer. Não estou aqui querendo diminuir todo o mal que vem junto com essa doença. Mas quero chamar sua atenção para o fato de que há coisas muito piores do que o câncer. Tenho pacientes com esclerose lateral amiotrófica, uma doença neurológica que paralisa o indivíduo até a nuca, depois o impede de respirar e falar. Não sei se vocês conseguem imaginar como é ficar totalmente paralisado até a cabeça, sem poder falar, escrever (...), nada. Se conhecerem pessoas nessa situação, me digam. Temos um excelente manual com frases e palavras essenciais para a comunicação. Não sei se na Suíça também é conhecido. Com esse manual, toda pessoa poderá conversar com vocês, mesmo que esteja paralisada até o queixo e não consiga emitir nenhum som. Portanto, não há como não se comunicar. Trata-se de um manual bem simples, que talvez custe dois francos, e a própria família pode fazê-lo. Se tiverem perguntas a respeito, adorarei respondê-las e encontrar alguém na Suíça que esteja disposto a passar essa informação adiante. Pois é o que ando fazendo no mundo todo, para que também as pessoas que não têm câncer, mas estão paralíticas e não conseguem falar, recebam essa ajuda que sempre damos aos outros.

Meu desejo é que vocês mostrem um pouco mais de amor a muita gente. Pensem que as pessoas às quais vocês darão o maior presente de Natal neste ano são aquelas que vocês mais temem ou pelas quais têm a maioria dos sentimentos negativos. Ouviram isso? Vocês dariam um presente tão grande a alguém se o amassem incondicionalmente? Há 20 milhões de crianças que morrem de fome. Adotem uma e deem presentes menores. Pensem também que há muitas pessoas pobres na Suíça. Compartilhem com elas sua prosperidade.

E quando chegarem as tempestades da vida, pensem que elas são um presente — não no momento em que chegam, mas dez, vinte anos depois — que lhes dará força e lhes ensinará coisas que, do contrário, vocês não aprenderiam. Sempre digo: Quando a vida os coloca em uma máquina de polir pedras, cabe a vocês escolher se querem sair dela triturados e moídos ou polidos como um diamante. Vou lhes dizer uma coisa: estar ao lado de pacientes terminais é uma dádiva; não é uma situação triste nem terrível; com eles vocês podem experimentar coisas maravilhosas. E se vocês transmitirem aos seus filhos, aos seus netos e aos seus vizinhos o que aprenderam com esses pacientes, este mundo voltará a ser um paraíso. Acho que já é hora de começar. Muito obrigada." (*Aplausos.*)

Essa noite deve ter sido muito impressionante para todos os ouvintes de sua palestra. E talvez você também, caro leitor, possa ter extraído dela algo muito valioso.

Elisabeth deu palestras no mundo inteiro e, por ocasião de uma conferência na Universidade de Zurique, onde estudou, respondeu a perguntas que talvez também sejam interessantes para você. Como muitas pessoas queriam assistir ao evento e o salão principal já estava lotado, foi necessário instalar caixas de som em outros auditórios, nos quais também havia centenas de pessoas sentadas. Os organizadores comunicaram que aqueles que não pudessem participar diretamente poderiam entregar suas perguntas escritas em papéis.

Pergunta: Quando teremos na Suíça nossa primeira instituição de assistência a pacientes terminais?

Elisabeth: Espero que no próximo ano, quando eu voltar, vocês já tenham essa instituição. E ajudarei com prazer. Para quem não sabe o que faz uma instituição como essa, explico. Trata-se de um hospital e de um grupo de pessoas que ajudam os que estão no final da vida e já não querem receber nenhum tratamento, e sim viver com amor, com dignidade e sem dor até a morte. E tudo isso se faz com visitas domiciliares e gratuitas, quando possível. Ajudam-se as pessoas do ponto de vista físico, emocional, intelectual e espiritual. Apenas aquelas que não têm condições de permanecer em casa — e há sempre casos em que isso não é possível — vão para a instituição de assistência, onde lhes é dado amor, sem o desejo de prolongar sua vida. *De fato*, o importante é apenas a qualidade de vida. Preciso preveni--los para que não façam como os americanos. No ano passado, abrimos cem instituições de assistência a pacientes terminais na Califórnia, e agora as vejo como *Chicken Delights* (rede de restaurantes que entregam refeições em domicílio). Não sei se aqui vocês conhecem isso. A qualidade é péssima. Portanto, é preferível abrir uma instituição em Berna, outra em Zurique, outra em Lucerna e outra em Lugano. Mas não muitas, a ponto de começarem a entrar em concorrência umas com as outras. E (*pensem na*) qualidade. Pois, (*do contrário*), já não terá nada a ver com uma instituição de assistência a pacientes terminais.

Pergunta: O cuidado de pacientes terminais não deveria ser deixado a cargo dos hospitais?

Elisabeth: É um grande problema associar instituições de assistência a um hospital já existente. Pois, em um hospital, a burocracia, as regulamentações, os horários de visita e a distribuição de analgésicos são muito regulados. E a equipe de enfermagem acostumada a essas regras precisa... de uma capacidade de adaptação indescritível para mudar (...). Em uma unidade, os medicamentos são limitados, e na outra se pode ministrar generosamente um analgésico a cada quatro horas se o doente ainda *não* tiver dor. Para tanto, a equipe precisa de uma formação muito especial. (...) Aliás, temos ambos nos Estados Unidos, mas a única coisa que importa é o amor.

Pergunta: O que a senhora acha do suicídio cometido por um paciente sem perspectivas de cura?

Elisabeth: É totalmente desnecessário, e há uma lei universal que diz: "Não matarás". Matar alguém, mesmo que com a desculpa de livrá-lo da dor, simplesmente significa que temos muito pouco conhecimento de como ajudar as pessoas no final da vida. Em vinte anos, não tivemos sequer uma pessoa que quisesse se matar. A maioria das pessoas não quer viver do modo como vivem nos hospitais, pois assim sentem dor. E porque no hospital têm de esperar muito tempo até receberem uma injeção. Então chamam o pessoal de enfermagem a todo instante, até que finalmente vem uma enfermeira e diz: "Poderia aguentar mais vinte minutos?" É assim que vocês querem viver? Isso não é vida. E a arte de ajudar a morrer é dar o medicamento oral — e não o coquetel inglês, que é ilegal, mas outro que seja permitido. (...) Fico muito orgulhosa com o fato de que, em vinte anos, não tivemos um único suicídio. Depende apenas do tratamento. Essa é minha opinião.

Pergunta: Como se faz o acompanhamento de uma pessoa que não acredita em nada?
Elisabeth: Tenho muitos pacientes que não acreditam em nada. A única coisa que vocês podem dizer a essas pessoas é: "Depois que vocês superarem a passagem, vão ter uma surpresa agradável".

Pergunta: A senhora acredita na vida após a morte?
Elisabeth: Não, não acredito na vida após a morte — sei que ela existe. E, para mim, esta é a diferença: acreditar e saber. (*Aplausos.*)

Pergunta: Acredita em Deus?

Elisabeth: Se alguém ainda pergunta isso é porque não ouviu. Acredito que, sem Deus, não é possível pedir ajuda aqui — uma ajuda que depois chega. (*Aplausos.*)

(*E, de repente, pode acontecer de um longo comentário se juntar a uma pergunta, como no caso seguinte. Para facilitar a leitura, nivelei um pouco suas frases.*)

Quando vocês trabalham durante vinte anos com pacientes terminais, surgem muitas indagações. Ao perguntarmos sobre a definição da morte, constatamos que ninguém a conhecia ao certo. E, na época, quando foram realizados os primeiros transplantes de rim, havia dias em que encontrávamos doze casais de pais em uma sala de espera e apenas um órgão que daria vida a uma única criança. E aos outros éramos obrigados a dizer: "Sinto muito". Então vieram os primeiros casos jurídicos, em que nós, médicos, éramos acusados de tirar o rim de alguém antes que a pessoa tivesse morrido. Depois vieram casos de sinistro, e a bela e amada medicina tornou-se uma profissão em que se deve responder a questões jurídicas, éticas, morais, financeiras e legais. Um pastor e eu refletimos muito sobre onde estaria o grande problema — e o grande problema na época era que ninguém tinha uma definição clara da morte. Em meu entusiasmo juvenil, prometi a esse pastor que viveria até encontrar uma resposta. (*Risos.*) E como ele era pastor — aliás, um protestante extremamente prolixo —, zombei um pouco dele, dizendo: "Você fica o tempo todo pregando do seu púlpito: 'Peça e lhe lhe será concedido'. Agora eu peço e pergunto: como se faz um trabalho de pesquisa que pretende descobrir o que realmente é a morte?" Acreditem ou não: após cinco dias tive uma resposta. Isso até converteu o pastor. (*Risos.*) E desde então, por treze anos realizamos um trabalho de pesquisa nessa área. Vou apenas resumi-lo brevemente, pois acho muito importante que saibam que a morte não existe do modo como a imaginamos. Isso nada tem a ver com a fé, conforme vocês mesmos poderão constatar e confirmar. Já fui uma grande cética que não acreditava em nada que não se pudesse ver nem comprovar cientificamente.

Mas quando vocês morrem, sua verdadeira parte imortal sai de seu corpo e vocês passam a ter diversas experiências. (...) Enquanto ainda estiverem em seu corpo com o cérebro em funcionamento, terão consciência. Quando saírem do corpo, passarão a ter percepção. Saberão de tudo — mesmo que já não apresentem sinais vitais, nem batimentos cardíacos, nem respiração e em muitos casos também nenhuma onda cerebral que possa ser medida. Nesse estado, no momento da morte em que saem do seu corpo, vocês verão, por exemplo, o automóvel que causou seu acidente. Talvez vejam o que foi necessário fazer para tirar seu corpo do carro acidentado. Perceberão tudo sem apresentar sinais vitais. Sabem, os pacientes lhes dirão quantos médicos, quantas enfermeiras e quem mais estava presente. (...)

Depois, vocês perceberão que nenhuma pessoa pode morrer sozinha. No momento da morte física, não se está só. Por três razões. A primeira é: quando vocês saem do corpo, passam para uma existência na qual não há tempo nem espaço, pois estes são fenômenos terrenos. Com a velocidade do pensamento, podem estar junto de qualquer pessoa na Terra. Se alguém morre no Vietnã e pensa em sua mãe no Havaí, estará junto dela em um estado extracorporal assim que realizar esse pensamento. (...) A outra razão pela qual vocês nunca morrerão sozinhos é que podem desejar com qual dos vivos querem ficar. Mas não é só isso: todos aqueles que vocês amaram e que morreram antes de vocês estarão à sua espera. É claro que um cientista cético não acredita nisso. Mas recomendamos às pessoas que, se realmente quiserem saber, se empenhem nesse trabalho de pesquisa.

Uma jovem escreveu um poema que, traduzido, diz mais ou menos o seguinte:

Você ainda se lembra de como eu queria
de todo jeito ir àquele baile com você?
Você não queria ir, mas eu
o obriguei.

*Eu tinha esquecido que era um baile formal,
e você foi de jeans.
Achei que você fosse me matar,
mas você não me matou.*

*Você ainda se lembra de como eu queria ir
à praia, ver o mar?
Você queria ficar em casa.
Disse: vai chover o dia todo.
Mas fomos mesmo assim.
Choveu o dia todo.
Achei que você fosse
me criticar por isso.
Mas você não me criticou.*

*Lembra-se de como eu quis
deixá-lo bem enciumado
quando saí com um amigo?
Tinha certeza de que, desta vez,
você ia me deixar.
Mas você não me deixou.*

*Queria lhe dizer tudo isso
quando você voltasse do Vietnã.
Mas você não voltou.*

Espero que neste Natal vocês pensem um pouco a respeito e talvez façam as pazes com alguém com quem já não falam há muito tempo. Também tenho outro desejo: nos Estados Unidos, ninguém canta canções natalinas da Suíça. Vocês poderiam cantar uma para mim hoje? (*Risos.*) Obrigada."

O anjo
dos doentes de Aids

Por volta de meados dos anos 1970, surgiu a AIDS (Acquired Immune Deficiency Syndrome, Síndrome da Imunodeficiência Adquirida) nos Estados Unidos, logo espalhando medo e pânico. Entre a população, difundiu-se uma verdadeira histeria. Ninguém mais queria aceitar os doentes de Aids nos hospitais, absolutamente ninguém queria ficar perto deles; as famílias os baniram, e até mesmo as igrejas lhes fecharam as portas; nenhum motorista de táxi ou ônibus queria transportá-los, e até dentistas recusaram-se a tratá-los. Nas conversas com eles, os interlocutores colocavam-se a dois metros de distância ou cobriam a boca e o nariz com uma máscara de proteção. Assim, essas pessoas se reuniam muitas vezes às escondidas, em locais afastados, e esperavam ajuda em vão, até morrerem de fome ou enfraquecidas pelas doenças adicionais. Aparentemente, ninguém queria cuidar delas.

No entanto, de repente surgiu um anjo na figura de Elisabeth Kübler-Ross, que abriu as portas de sua clínica para crianças com Aids e não mostrou nenhum constrangimento em abraçá-las. Avisaram-na de que poderia se contaminar, mas ela não deu importância. Onde quer que faltassem ações de caridade, ela esquecia todo o resto e dedicava-se com a máxima urgência. Em pouco tempo, Bob, um rapaz infectado pela Aids, lhe perguntou se podia participar de um de seus *workshops*, pois os organizadores dos outros seminários o tinham recusado. Ela o aceitou espontaneamente. E quando Bob se apresentou, Kübler-Ross levou um susto, pois ele já apresentava sinais do sarcoma de Kaposi, sobretudo no rosto. E para servir de exemplo aos outros participantes do seminário, pediu-lhe que se sentasse ao seu lado no refeitório. Embora já estivesse muito habituada graças a seu trabalho no hospital, não conseguiu sentir direito o gosto da comida. Afinal, onde estaria o amor incondicional pregado por ela? Certamente logo cresceu por esse rapaz de 27 anos, destinado a morrer, sobretudo quando ele falou sobre seu destino diante dos cerca de cem participantes e, ao final do *workshop*, todos o abraçaram. Para Elisabeth, a Aids, de um ponto de vista superior, também era um presente para que a humanidade aprendesse o amor incondicional. "Sim, realmente acredito que a Aids significa para todos nós o último desafio à humanidade." Um doente de Aids tratado por ela disse exatamente a mesma coisa: "Preciso ter essa doença horrível para descobrir o que é o amor incondicional".

A disponibilidade de Elisabeth de aceitar doentes de Aids também em seus *workshops* correu de boca em boca, foi difundida pela imprensa e também teria encorajado outros moderadores a copiá-la. Entre as mais de cem cartas que recebia diariamente, Elisabeth também recebeu algumas oriundas de pais cujos filhos sofriam da doença. Na maioria das vezes, perguntavam onde e como poderiam obter ajuda, uma vez que os hospitais pediátricos não queriam aceitá-los. Desse modo, ela planejou criar uma clínica para crianças com Aids. Já em 1983, na Califórnia, com o auxílio de doações e por iniciativa própria, foi aberto o primeiro hospital para crianças com Aids.

No entanto, ela contava não apenas com doações, mas também com ideias originais de como levantar dinheiro para seus projetos. Por exemplo, em muitas de suas viagens, que costumavam somar mais de 200 mil quilômetros por ano, tricotava cachecóis, que posteriormente eram leiloados em tômbolas. Geralmente, seus cachecóis encontravam compradores que pagavam 800 francos suíços por eles, mas quando uma mulher lamentou não ter esse dinheiro, Elisabeth deu um jeito de pegar o endereço dela sem ninguém perceber e, mais tarde, enviou-lhe o cobiçado cachecol. O coração generoso de Elisabeth também se mostrou em um leilão na Virgínia, onde arrematou um órgão. Uma mulher gritou em seguida: "Este órgão pertence à moça. Foi tirado dela. Precisam devolvê-lo". Como a moça não tinha dinheiro, Elisabeth simplesmente lhe deu o órgão de presente. No dia seguinte, a história estava em todos os jornais, o que a deixou bastante constrangida.

Além disso, Elisabeth sempre pensou em construir um edifício em uma área afastada, onde doentes de Aids e sobretudo crianças pudessem ser cuidados por ela e seus muitos assistentes voluntários até a morte. Em 1983, deu uma palestra na Virgínia, na qual enfatizou a miséria sofrida pelas pessoas acometidas por essa doença e exprimiu o desejo de encontrar um lugar onde pudesse oferecer-lhes moradia e proteção. Isso também motivou o médico Raymond Moody, que conhecia muito bem Elisabeth, pois ambos foram pioneiros na pesquisa sobre experiências de quase morte. Em 1983, Raymond Moody deu de presente a Elisabeth um grande terreno de 150 acres na Virgínia, e nessa fazenda, onde ela depositou toda a sua energia — naturalmente sem contar as inúmeras viagens para dar seus *workshops* e palestras —, logo surgiram os dois primeiros prédios.

Neste momento, eu gostaria de apresentar alguns excertos do boletim informativo referente à organização de Elisabeth, que trata do seu esforço para ajudar doentes de Aids:

"No início do próximo ano (...) farei minha primeira visita ao continente africano e darei muitas palestras na conturbada África do Sul, onde obtivemos autorização para falar a um auditório misto. (*Observação: na época do* apartheid, *negros e brancos não estavam autorizados a se reunir no mesmo espaço.*) Também pretendo fazer algumas excursões no interior do país, a fim de ter a oportunidade de conversar com pessoas e ver como essa cultura lida com o problema da Aids e como curam seus doentes. Certamente será uma viagem interessante, com ganho para ambas as partes.

No que diz respeito ao nosso projeto sobre a Aids, decidimos disponibilizar nosso próprio terreno, nossa fazenda e nossas casas para as crianças que sofrem da doença e foram excluídas — é o primeiro 'lar' do tipo nos Estados Unidos. Entregamos nosso 'Certificate of Need'* e aguardamos uma resposta positiva. Nossos arquitetos alteraram seus projetos colocando portas de vidro nos dormitórios. Os quartos se agrupam em torno de uma estação circular de enfermagem; assim, todas as crianças podem ver os cuidadores e as outras crianças, para que não se sintam isoladas. Um quarto grande, repleto de bichinhos de pelúcia e bonecas feitas à mão, vindas da Suíça e da Alemanha, aguarda a chegada das crianças!

Amigos e sobretudo um convento irlandês já começaram a costurar e a fazer tricô para os pequenos. Estamos ansiosos para dar amor, cuidado, esperança e felicidade a essas crianças.

---

* Documento exigido em vários Estados dos Estados Unidos para a construção de instalações médicas. [N.T.]

Caso vocês conheçam alguma criança com Aids, por favor, nos avisem, para que de alguma forma possamos oferecer nossa ajuda.

Estou passando dez dias em casa. É uma alegria especial, pois na fazenda é tempo de colheita. A alfafa foi ceifada e amanhã será reunida em fardos; assim, no inverno, teremos feno suficiente para as ovelhas e o gado. Na horta, a couve-flor, a couve-de-bruxelas, o espinafre, o milho, a ervilha e o feijão estão maduros. Nossas cozinheiras Betsy e Liz se ocupam de abastecer nossa despensa. Lita cuida das nossas ovelhas, e Victor, nosso cão São Bernardo, dos perus e das galinhas. (...) Charlotte vigia a construção de outro bloco atrás da minha casa (*circular*). Ela cuidará dos teares, da lã, da parte de artesanato e das rodas de fiar com as quais produzimos nossa própria lã. Em breve começaremos também a tingi-la.

Quando penso que mudamos para cá há apenas um ano, preciso dizer que fizemos grandes progressos. Nosso gado cresceu e é saudável. As cercas foram refeitas e fixadas, e duas ruas foram criadas — uma na fazenda e outra para as casas circulares (o Centro). Investimos muito trabalho, energia, amor e dinheiro e conseguimos não entrar 'no vermelho' — o que é um verdadeiro milagre, pois vivemos apenas de doações, palestras e *workshops*. Caso algum de vocês seja bom em 'cartas com valor declarado', manifestem-se — podemos usar o dinheiro para poder terminar o sistema de canalização (cuja autorização finalmente recebemos após 23 meses), bem como a construção da cozinha, dos banheiros e das instalações do refeitório no Centro.

Continuem a ter bom humor, a nos apoiar com carinho e incluam nosso centro para crianças com Aids em suas preces. Entre as palestras, as visitas a pacientes e os *workshops*, trabalho em meu próximo livro, *Challenges of AIDS* (Desafios da Aids), que diz respeito a todos nós. Muitas mulheres e crianças, muitos dos meus pacientes hemofílicos e outros, que nos últimos cinco anos receberam transfusões de sangue, adoeceram de Aids. Trata-se de um problema humano em geral (e não apenas homossexual), e *agora* precisamos começar a formar voluntários e especialistas para cuidar dos prováveis 200 mil novos pacientes que teremos nos próximos dois anos. Estamos prontos. E vocês?

A última e talvez mais dramática experiência que eu gostaria de comunicar a vocês é minha visita a penitenciárias, onde encontrei pacientes com Aids que não recebiam nenhum auxílio e, quando recebiam, era um tratamento insuficiente. Precisam urgentemente dos amigos de fora, de apoio e/ou correspondência, para que sua dupla tragédia se torne um pouco mais suportável. Se vocês se sentirem aptos a escrever a algum deles, por favor, enviem suas cartas para mim que as encaminharei a quem mais precisa delas na penitenciária.

Obrigada por seu amor e seu interesse. Até depois do meu retorno do Havaí, do Alasca e da Europa.

Amor e prosperidade,

Elisabeth"

Obviamente, a imprensa e a televisão ficaram muito interessadas nas novas atividades de Elisabeth. E a nova proprietária do rancho admitiu sem rodeios que ali seriam cuidadas inicialmente de quinze a vinte crianças com Aids até morrerem, a fim terem uma morte digna e livre de preocupações.

Porém, quando os moradores do distrito ficaram sabendo, logo se espalharam os boatos de que aquelas crianças com a doença do diabo poderiam infectar a todos e matá-los. Um operário que havia ajudado a erguer o primeiro edifício e depois ficou sabendo do verdadeiro objetivo do local incitou a população a fazer um abaixo-assinado para proibir que se continuasse a construção naquela fazenda, que "importaria a Aids para perto deles". Elisabeth, que estava viajando, apressou-se em voltar. A população precisava ser esclarecida a respeito do seu projeto e do risco limitado da doença. Esse esclarecimento teria de ser dado em um espaço maior. Mas a direção da escola recusou-lhe seu auditório, e somente um pastor da igreja metodista disponibilizou-lhe a casa de Deus.

No dia 9 de outubro de 1985, houve uma reunião pública em Monterey. A imprensa e a televisão estavam presentes, assim como alguns moradores. Elisabeth deu então uma palestra sobre seu enorme projeto, e o doutor Kaplan, médico amigo seu, esclareceu tudo o que é preciso saber sobre a Aids, que supostamente teria vindo da África. Ele chamou a atenção para o fato de que, com exceção das relações sexuais sem preservativo, das transfusões de sangue e do mau uso de seringas, não existem outras possibilidades de contágio. Todavia, todos esses contra-argumentos apresentados em público não renderam frutos entre a população. Ao contrário, alguns puseram obstáculos no caminho do projeto. De repente, já não havia água; mais tarde, por muito tempo faltou luz ou os cabos foram cortados. Também não deixaram que Elisabeth construísse uma pista de pouso em sua propriedade, pois, se ônibus e táxis se recusassem a transportar os doentes de Aids, eles poderiam ser levados à sua fazenda em pequenos aviões ou em helicópteros. Alguns homens das comunidades circunstantes chegaram a atirar contra os edifícios da propriedade. Na ausência de Elisabeth, primeiro mataram uma lhama; depois, seu amado cão São Bernardo.

Apesar de todos os obstáculos, de seus acidentes vasculares cerebrais e das diversas Crises de Burnout, ela persistiu em seu esforço, construiu outros edifícios, e as crianças foram cuidadas com carinho por voluntários vindos de todas as partes. Ao mesmo tempo, Elisabeth consentiu em publicar uma tradução em inglês de *Über den Tod und das Leben danach* [Sobre a Morte e a Vida Após a Morte], da qual me ocupei.

Além de suas muitas viagens para dar palestras e seminários, Elisabeth também sempre esteve pronta para chamar atenção sobre seu tema em programas de televisão ou rádio. Uma conversa radiofônica, que excepcionalmente resumo e reproduzo aqui de maneira um pouco simplificada, é iniciada por um pastor suíço com as seguintes palavras:

Pastor: Doutora Elisabeth Kübler-Ross, ao seu redor há sempre um fenômeno a ser observado. Conforme vimos recentemente, onde a senhora aparece, as pessoas quase arrombam as portas para vê-la e ouvi-la. A senhora se tornou uma espécie de lenda viva, conhecida e às vezes também mal-afamada. Ao vê-la aqui, à minha frente, tenho a impressão de estar sentado junto de uma simpática avó. Seu rosto é marcado por aquilo que a senhora viveu. (...) E seus olhos irradiam aceitação e calor, mas também uma observação clara. Como a senhora se vê?

Elisabeth: Sabe, é muito difícil dizer, porque, para mim, sou uma dona de casa e mãe comum, embora viaje muito pelo mundo e, na verdade, me sinta em casa em qualquer lugar. Trabalho entre quinze e dezessete horas por dia, sete dias por semana, e viajo meio milhão de milhas pelo mundo — não sei quanto isso representa, mas é muito. Não exagero nem um pouco quando digo que é preciso pedir para receber o que se necessita. Se eu não fizesse isso, simplesmente não aguentaria do ponto de vista físico. (...) Na última semana, por exemplo, fui da Basileia a Bamberg e, após a palestra, ainda conversei com estudantes e pacientes. E às dezesseis horas ainda tive de voltar à Basileia, aonde cheguei completamente exausta. À noite, quando fui dormir, me perguntei se teria energia suficiente para o dia seguinte — e *sempre* recebo essa energia. (...) Isso acontece com tudo o que preciso. (...) Todavia, às vezes também sinto falta de alguma coisa, mas não a recebo, porque a gente só recebe o que precisa, e não o que quer. (...) Geralmente percebo no máximo um mês depois que foi muito bom não ter recebido aquilo que eu havia pedido.

Pastor: Isso nos faz lembrar a frase bíblica "pedi, e vos será dado".
Elisabeth: Essa frase é cem por cento verdadeira. É ensinada há dois mil anos. (...) A única coisa que precisamos fazer é acreditar que isso é realmente possível.

Pastor: A impressão que tenho é de que uma crença totalmente infantil se misturou e se uniu na senhora a um espírito bastante científico de pesquisadora.
Elisabeth: Espero que sim. (...) Para mim, há uma grande diferença entre acreditar em alguma coisa e saber alguma coisa. Preciso saber para ter certeza; do contrário, não posso passar

adiante. Por isso, todos os dias experimento alguma coisa — passo a vida assim. E outras pessoas provavelmente acham isso uma blasfêmia.

Pastor: Se a senhora se manifesta tão abertamente sobre o que observa, também deve ver que isso inquieta pessoas bem diferentes. Por um lado, os médicos, que estão habituados a acreditar apenas no que conseguem comprovar cientificamente no laboratório e ver no microscópio; por outro, os fiéis e os teólogos. A senhora se manifesta sobre temas que, de modo geral, são vistos como de ordem privada pelos fiéis. O que pensa da *sua própria* fé? Ou o que Cristo significa para a senhora?

Elisabeth: Os médicos estão habituados a pensar de modo científico, a partir do seu quadrante intelectual. E, no campo científico, conhecem apenas um mundo tridimensional. Mas quando se trata de algo transcendental, já não se pode compreendê-lo com um pensamento tridimensional. Por exemplo, quando alguém sofre morte clínica e deixa o próprio corpo, temos o fenômeno de que, com o pensamento, essa pessoa consegue encontrar a própria mãe a 2 mil quilômetros de distância e depois voltar para seu próprio corpo. Não dá para imaginar isso em um mundo tridimensional. Fizemos tantos progressos nos últimos quinze, vinte anos que já é possível comprovar esse fenômeno em laboratório, de maneira experimental. Há vinte anos, diriam para mim: "Essa aí está maluca". Para mim, é apenas uma questão de tempo. Em 20 ou 25 anos, esses conhecimentos serão evidentes.

Em teoria, os teólogos sabem tudo, mas, em seu íntimo, talvez não. Quanto à minha fé, eu lhes dou um trabalho enorme. Deveriam ficar orgulhosos, felizes, entusiasmados, além de me apoiar e descobrir como sei todas essas coisas, que já foram ensinadas há dois mil anos. Se aceitassem essa visão, poderiam falar com entusiasmo a partir do púlpito, e não apenas da própria cabeça. Assim, a igreja ficaria cheia. Pois é possível saber quando uma coisa é autêntica, verdadeira e vem de dentro da pessoa ou se é apenas um belo sermão, pensado e estudado com a mente. Para mim, esta é a grande diferença. Nunca tive problemas com quem realmente tem fé.

Pastor: A senhora também vê todo o seu trabalho em torno da morte associado ao auxílio à vida.

Elisabeth: Para mim, é tudo igual. Sem o auxílio à vida não se pode morrer em paz. Na verdade, o auxílio à morte chega tarde demais. Seria preciso atuar de maneira muito mais preventiva. Já a partir da infância seria necessário levar as crianças a um enterro ou enterrar o cão ou o gato na presença dela. Também se deveria levar as crianças ao hospital ou buscar o avô para morrer em casa, para que elas possam lhe oferecer um chá de vez em quando, segurar sua mão ou conversar com ele. Mesmo que ele já não fale, pelo menos elas veem que ele ainda está presente. Quando crianças pequenas presenciam esse tipo de coisa e de maneira pacífica em sua própria casa, e não em um ambiente repleto de medo, mais tarde terão menos medo da morte e de morrer.

Pastor: Quer dizer então que, se as pessoas resolverem ao longo da vida um problema pendente, a morte será mais fácil?

Elisabeth: O mais importante é que nos livremos das questões pendentes. Assim, o espírito também evolui e a intuição aparece — chamo isso de "faíscas divinas". Esta é a parte que todos nós temos, pois somos todos do mesmo Deus, que tudo sabe. E não apenas as pessoas mais velhas, mas também as mais jovens sabem intimamente que é preciso morrer. Por exemplo, tenho pacientes de 5 e 6 anos que, dois ou três dias antes de morrer já são capazes de enxergar o outro lado. E, quando lhes pergunto, sabem muito bem o que os espera. Veem o avô que nunca conheceram em vida, descrevem-no e dizem: "Sim, o vovô já está esperando por mim". Essas crianças não têm medo de morrer. Já os adultos que nunca viveram corretamente, mas apenas levaram uma vida repleta de medo, inveja, cobiça ou ódio, nunca desenvolveram o quadrante intuitivo. E *essas* pessoas têm medo de morrer.

Se praticássemos em vida o que Jesus nos ensinou, ou seja, "ama o próximo como a ti mesmo" — e a ênfase recai sobre "como a ti mesmo" —, e vivêssemos o amor incondicional, sem criticar nem diminuir os outros, a experiência da morte também seria uma das mais belas.

Pastor: Isso significa que, na verdade, o amor incondicional que a senhora sempre enfatiza é outra palavra para o amor cristão e bíblico pelo próximo, que Cristo pregou?
Elisabeth: Sim, é exatamente o mesmo.

Pastor: E o que a senhora acha da Páscoa?
Elisabeth: Ele só se sacrificou para nos mostrar que a vida continua. A Páscoa me confirma o que atualmente transmito no mundo inteiro, ou seja, que a morte é apenas uma passagem para outra forma de vida. Pois Cristo sabia muito bem que os apóstolos acreditariam nele enquanto curasse as pessoas, fizesse os cegos enxergar e realizasse todos os outros milagres. Mas assim que Ele morreu, os apóstolos começaram a duvidar de novo, como aquele "descrente Tomé".

Então, Ele retornou materializado na forma física que Ele próprio criara através da energia psíquica. E os apóstolos o reconheceram e tiveram a absoluta certeza de que a morte, tal como a imaginamos, realmente não existe. E como naquele momento passaram não apenas a crer, mas também a ver isso graças à Sua aparição, puderam transmitir essa verdade adiante. Por isso ainda existe essa crença após dois mil anos.

Pastor: Eu gostaria de lhe agradecer nossa conversa e de lhe perguntar se, para terminar, a senhora poderia enviar aos ouvintes da nossa região alguma frase, algum comunicado ou algum pedido.

Elisabeth: Eu só gostaria que as pessoas amassem seus filhos, pois nunca se sabe quando a criança poderá ser vítima fatal de um acidente. Quando isso acontece, os pais entram em desespero porque sempre reclamavam quando o filho brincava de bater tambor. Quando a criança morre, dariam todo o dinheiro do mundo para poderem ouvi-lo tocar tambor novamente. E se pensarmos assim todos os dias, ou seja, que talvez esta seja a última vez que passamos juntos, estimaríamos mais a vida e nossos semelhantes, lhes daríamos mais valor em vez de sempre resmungar, e o mundo seria mais belo. Meu desejo: andar de mãos dadas, mas também gostar de si mesmo, pois ninguém consegue dar amor se não amar a si próprio.

Solidão e doença grave

Certo dia, em janeiro de 1994, voltando de uma palestra, ela chegou ao aeroporto de Baltimore, para depois pegar outro avião rumo à sua casa na fazenda. De repente, seu nome foi anunciado pelos alto-falantes para que ela se dirigisse ao balcão de informações. Ali recebeu o número de telefone de sua secretária de Headwaters. Ligou para ela para saber o que havia de tão urgente, já que em poucas horas estaria em casa. E a secretária lhe comunicou, muito agitada, que havia acontecido algo ruim e que ela não deveria voltar para casa de jeito nenhum. Elisabeth intimou-a a lhe contar o que tinha ocorrido e ficou sabendo que sua casa havia desabado até os alicerces devido a um incêndio.

Quando chegou, ainda viu fumaça subindo das ruínas. Não conseguia entender. Todos os seus bens, as suas roupas, os seus livros e até o quadro com as linhas psicografadas do espírito de uma mulher que saudava um pastor — tudo havia desaparecido. Então ela sofreu o terceiro e, até então, o pior AVC. Seus dois filhos, Barbara e Kenneth, foram informados, e o filho voou imediatamente até a fazenda. Ele temia que pudessem até matar sua mãe, pois tentaram de tudo para destruir a fazenda e expulsar Elisabeth. Além disso, ela havia gastado muito com todos os seus projetos e todas as suas viagens. Por isso, ele providenciou um voo para Phoenix, para levá-la para perto de si, na vizinha Scottsdale.

Nesse momento começaram minhas visitas a ela nessa cidade, no Estado do Arizona. Ali, com a ajuda de Ken, ela comprou uma casa, que ficava isolada, a cerca de 20 quilômetros ao norte de Scottsdale, bem em meio aos cactos. Retirou-se como uma eremita nessa solidão. Os visitantes tinham muita dificuldade para encontrar sua casa escondida por entre estradas de areia, sem nenhuma indicação, mas sobre o telhado logo se via a bandeira suíça esvoaçando, e na entrada havia um totem de cerca de três metros de altura, que índios do Canadá lhe deram de presente e que também já tivera seu lugar na *Headwaters Farm*. Finalmente sua vida tão agitada encontrara a paz. Apenas Ken passava com frequência em sua casa ou a levava de carro para a cidade, e uma empregada mexicana chamada Anna ia a cada dois ou três dias para limpar a residência, servir-lhe o chá ou preparar-lhe a comida. A eremita não queria ter ninguém por perto dia e noite. Mas o que adorava ter ao redor eram os coiotes, que alimentava todas as manhãs. Tornaram-se seus melhores amigos, além dos pequenos e inúmeros pássaros que pousavam em sua janela, onde sempre lhes deixava comida em abundância.

Sempre que viajava para os Estados Unidos eu visitava a Elisabeth, e com meu carro alugado íamos algumas vezes a um restaurante. Em conversas que frequentemente se estendiam por horas, ela sempre falava em seus *guys*, seus amigos do mundo espiritual. Assim, contou-me que certa vez daria uma palestra no maior auditório de Detroit. Mas seu voo vindo de Atlanta chegou com atraso a Nova York, de modo que acabou perdendo a conexão. Sabia que, naquela noite, alguns milhares de visitantes chegariam em peso para sua palestra, e todos ficariam decepcionados se lhe avisassem que ela não poderia comparecer. Sua marca registrada sempre fora cumprir pontualmente seus compromissos. E naquele momento acontecia uma coisa dessas.

Pediu a seus *guys* que encontrassem uma solução para transportá-la pontualmente a Detroit. E, de repente, ouviu pelos alto-falantes o nome da cidade junto com a indicação do portão de embarque. Ao chegar ao local, percebeu que se tratava de um avião particular que transportaria crianças em cadeiras de rodas. Tomou com naturalidade o lugar de uma das senhoras que empurrava uma cadeira de rodas, passou pelo controle de embarque e simplesmente entrou no avião. Ninguém poderia imaginar que ela, como "passageira clandestina", não tinha passagem — e conseguiu chegar pontualmente à sua palestra.

Mais tarde, mostrou-me o que costumava fazer quando recebia ajuda de seus amigos invisíveis. Beijava dois dedos, erguia-os e dizia: "Thank you, guys!" Nunca se sentia sozinha. Pois sabia que seus amigos espirituais a acompanhavam e estavam sempre por perto. Sabia também que sua missão na Terra consistia na colaboração com eles, tal como fora combinado antes de sua entrada nesta vida, e no cumprimento de sua tarefa. Esta consistia em dizer às pessoas que continuamos a viver depois da morte e que durante a vida somos acompanhados por guias espirituais, anjos ou também parentes mortos.

Em 1993, a editora Die Silberschnur publicou um livro ilustrado de Elisabeth, intitulado *Sterben lernen. Leben lernen* [Aprendendo a Morrer. Aprendendo a Viver], que reproduzia uma conversa com Ingo Hermann, gravada para a emissora de televisão alemã ZDF. Depois dessa publicação, tive a ideia de organizar outro livro com seus pensamentos. Porém, quando a visitei em 1995, ela recusou a proposta, dizendo que lhe daria muito trabalho fazer um manuscrito e que sua atividade como autora de livros estava encerrada. Então sugeri que eu lhe faria perguntas e gravaria as respostas. Um ano depois, foi publicado o primeiro de dois livros com fotografias da natureza, feitas por seu filho Ken, renomado fotógrafo, nos mais diversos cantos do mundo. A esse livro dei o título *Der Liebe Flügel entfalten* [Abrindo as Asas para o Amor], pois nele está resumido tudo o que ela disse sobre o tema amor. Entre outras coisas, ela enfatiza nessa obra: "Na maioria das vezes não recebemos o que desejamos, e sim o que precisamos. Em geral, estas são situações que menos esperamos. O melhor é preparar-se para o inesperado e aceitar o que lhes é dado no momento. Isso é uma bênção. Aceitem-na com gratidão e fiquem felizes com ela. O mais importante que temos a aprender é amar a nós mesmos".

O segundo livro de perguntas e respostas que redigi com Elisabeth trata essencialmente da morte e da vida após a morte. Por isso, intitulei-o *Sehnsucht nach Hause* [Saudade de Casa]. Seguem alguns excertos:

"Meu escritor preferido, Khalil Gibran, é agora um dos meus guias espirituais. Gosto muito dele e fico fascinada com o modo como ele se expressa em seus textos. Sem dúvida, são informações que vêm de outros planos de consciência, informações sobre o universo divino. É possível lê-las sempre, sem se cansar. Há pouco tempo, também conversei com ele em pensamento. Ele me disse que preciso aprender a me divertir mais. Não sei como, pois nunca aprendi. O que posso fazer se moro aqui sozinha, no deserto? Devo saltitar sobre as pedras?

Em uma vida passada, como indígena, fui chefe de Seattle. Em um discurso, que na época dei para os chefes de governo, tentei esclarecer às pessoas que não se podia comprar a terra, assim como não se podia comprar o céu, pois ambos pertencem a todos nós. Eu queria unir os peles-vermelhas e os brancos como irmãos e irmãs. Acho que não tive muito sucesso nessa empreitada, mas pelo menos os impressionei profundamente. Ainda hoje as pessoas leem esse discurso, e espero que elas levem a sério seu conteúdo e o ponham em prática.

Vejo uma conexão entre minha vida passada e a atual. Em ambas, empenhei-me em aprender a tratar todas as pessoas da mesma forma, sem discriminá-las pela cor, pela raça nem por seu modo de agir. Jesus ama todos da mesma forma, quer sejam católicos, protestantes, judeus ou muçulmanos. Na vida passada, não fui muito bem-sucedida em imitar Jesus, pois não gostava do homem branco com suas armas.

Em minha antiga vida como indígena, tentei promover um convívio pacífico no plano político com pessoas de diferentes raças. Hoje me concentro mais no plano da alma. Meu esforço é ajudar os necessitados, sobretudo os que estão à beira da morte. Também sempre aponto para a importância de nossos pensamentos, de nossas palavras e de nossas ações. Depois que morremos, lançamos um olhar retrospectivo para a nossa vida e sabemos o que fizemos certo e o que fizemos errado. Em seguida, entendemos a seguinte lei espiritual: "Colherás o que plantaste".

Entre nossas diferentes encarnações, temos tempo suficiente para nos recuperarmos e refletirmos com cuidado sobre o que há para ser feito em seguida. Temos de examinar, da maneira mais precisa possível, o que planejamos para esta vida e até que ponto atingimos nosso objetivo. Assim, compreenderemos em que fracassamos e qual aspecto talvez não tenhamos considerado. Em seguida, decidimos onde e como podemos repetir as lições não aprendidas. Esse processo ocorre em muitos planos diferentes.

Quando concluo esta vida, passo para o plano mais elevado possível para mim, e não creio que retornarei espontaneamente para a Terra. Em casa, verei todos os meus amigos espirituais e anjos da guarda, dançarei com Jesus nas estrelas e comemorarei com meu marido, com todos os meus pacientes, com meus avós e meus pais o nosso reencontro. Nesse lugar haverá apenas paz, harmonia e compreensão. Assim, vocês, caros leitores e caras leitoras, entenderão quando digo: 'Não vejo a hora de voltar para casa'."

Na véspera, gravamos as últimas frases para o livro, e na manhã seguinte, como todas as manhãs, esperei ser despertado por Elisabeth às oito e meia. Esperei por um bom tempo sua batida na porta, mas só havia o silêncio. Por fim, fui ao banheiro, vesti-me e saí, pois achei que ela estivesse alimentando os coiotes ou regando as flores. Mas ela não estava em lugar nenhum. Quando voltei para a casa, ouvi a voz dela vindo do quarto: "Where are you?" (Onde você está?) E quando abri a porta, ela estava deitada de bruços; com dor, tinha se arrastado até a porta. "Fiquei um bom tempo chamando por você. Onde você estava? Tive outro derrame." Depois de cuidar de Elisabeth, liguei para seu filho e para sua médica e peguei as coisas de que ela poderia precisar na casa do filho ou no hospital. O que teria acontecido se eu não estivesse "por acaso" hospedado em sua casa? A empregada tinha tirado uns dias de folga. Quem a teria encontrado? E quando?

Após pouco menos de meia hora, chegamos à casa do preocupado Ken, e sua médica, Gladys Taylor McGarey, já esperava por ela. Eu sabia que ela estaria em boas mãos. Gladys era uma médica que, com seus livros, levara o pensamento holístico e alternativo para os consultórios americanos. Mais tarde, no livro *Tee mit Elisabeth* [Chá com Elisabeth], ela diria: "Fomos pioneiras e porta-vozes em áreas que não eram aceitas pelos especialistas da medicina. Eu era a representante da medicina holística, e Elisabeth procedeu com força contra tabus seculares, que impediam uma conversa franca sobre a morte e seu processo".

Despedi-me de Elisabeth com a promessa de logo voltar a visitá-la e fui para o aeroporto.

Esperando pelo fim

No boletim informativo de janeiro de 1997, lê-se:

"Continuo esperando minha passagem. Após 1995, depois de sofrer uma série de derrames, fiquei paralisada e sem condições de deixar a cadeira ou a cama por muito tempo. Tudo isso é muito doloroso, tanto física quanto psicologicamente. Todos os dias tenho de lutar com outros derrames menores. (...) A organização foi dissolvida, e os funcionários do centro EKR (*em Headwaters*), demitidos. Toda a propriedade foi repassada sem custos a outra organização, que cuida de jovens que fugiram de casa."

De vez em quando ligo para ela ou para Ken. E às vezes ela me pergunta quando vou visitá-la. Também me mandou um cartão de Natal colorido, que só conseguiu assinar com muito esforço. Desde o quarto e pior AVC, em maio de 1995, ficou confinada à cama, e em setembro de 1998, quando a visitei com minha companheira Sinaida, estava em seu sofá-cama junto à janela, onde observava com alegria os pássaros que se deleitavam com a comida espalhada. Chegava até a distinguir alguns, aos quais dera nomes. E ainda fumava seus cigarros preferidos. O chocolate suíço, também seu favorito, ficava ao alcance da mão.

Na Disneylândia de Los Angeles, compramos um ET marrom de pelúcia, cujo filme era um dos preferidos de Elisabeth. Esse extraterrestre não conseguiu encontrar o caminho de volta para sua nave intergaláctica, que o levaria para casa, acabou se perdendo e sentiu-se um estrangeiro neste planeta. Às crianças que o encontraram, repetia a frase: "Quero voltar para casa". Talvez tenham sido justamente essa frase e a sensação de estar longe do próprio lar o que mais agradou Elisabeth no filme. E como ficava feliz em poder abraçar o ET marrom. Mais tarde, mandou-nos uma foto assinada por ela, na qual aparecia de cadeira de rodas, vestida de Mamãe Noel com capuz vermelho e com o grande ET do lado. Já fazia muito tempo que nutria o desejo de ter balões do ET soltos em seu enterro. Pedira pessoalmente a Steven Spielberg a autorização para mandar imprimir balões com a imagem do extraterrestre.

Sua situação havia mudado em muitos aspectos, pois o médium de cura Josef, de Phoenix, ligou para ela depois de ter lido um artigo a seu respeito e disse que havia recebido uma incumbência "de cima" para ajudá-la. Contente, ela aceitou, e ele pousou suas mãos curadoras sobre ela. A princípio, Elisabeth não quis acreditar, mas suas dores desapareceram rapidamente. Aos poucos, conseguiu mover e até levantar o braço esquerdo, paralisado devido ao terceiro AVC. "Aos poucos, estou voltando para a vida e, em vez de pedir uma rápida passagem, começo a me concentrar de novo na vida e a tentar fazer o melhor com o que ainda tenho", disse.

Seguindo as recomendações de Josef, fez hidroterapia, e logo sua parede foi decorada com novos documentos. Desta vez, viam-se dependurados nela não títulos *honoris causa*, e sim certificados de participação em corridas em cadeiras de rodas. Apoiada em um totem, deixou-se fotografar por uma repórter da revista SPIEGEL (edição 39, 1997), que, no entanto, escreveu sobre Elisabeth de modo bastante impessoal. Quando perguntada pela jornalista se desejava morrer, Elisabeth respondeu: "Há dois anos e meio peço todas as noites para que *esta* seja a noite da minha morte. Ficaria feliz. Minha condição atual não é de vida nem de morte. Estou presa em algum ponto entre ambas. Mas sei que só poderei morrer quando amar a mim mesma. Só que não consigo".

Já não resmungava com seus *guys* por que ainda não tinham ido buscá-la. "Para ser franca, já fiz o suficiente. Por que agora vocês simplesmente não me deixam descansar? Desejo tanto ir de uma vez por todas para casa!" E lhe perguntei se ela não queria ditar mais um pequeno livro para minhas perguntas já formuladas. Ela concordou, mas só com a condição de que novamente integrássemos fotos de Ken. Como mãe, sentia necessidade de promover cada vez mais o sucesso do filho.

Pensei em lhe perguntar coisas sobre as quais ainda não havia falado claramente em seus livros até então publicados. Seguem alguns excertos:

Por que viemos à Terra?
A Terra é uma escola do aprendizado. Temos de viver nessa desagradável existência física para aprender coisas que não conseguiremos aprender do outro lado. Pois nele viveremos o amor incondicional. Mas como poderíamos aprender a amar se encontrássemos tudo perfeito e cor-de-rosa? Aqui temos de aprender a lidar com pessoas hostis e ruins e com a política repugnante para experimentar como se lida com a negatividade. Enquanto não tivermos aprendido essas lições, voltaremos à Terra até aprendê-las. Por isso, precisamos voltar muitas e muitas vezes, até finalmente atingirmos um grau de consciência que nos capacite a reconhecer que não estamos separados uns dos outros, mas formamos, todos, uma unidade em cada momento. Se realmente soubermos isso e vivermos de acordo com isso, então poderemos morrer e deixar a Terra para sempre.

Por que colocamos, por assim dizer, pedras no nosso próprio caminho?

Porque da última vez não aprendemos o que deveríamos ter aprendido. Sabemos muito bem o que deixamos de aprender. Talvez a lição consista em se desprender de alguém. Talvez seja isso que se tem de aprender na vida atual quando se perde um filho. É o pior que pode acontecer a uma pessoa. Já se conversa de antemão com essa alma, no além, sobre o que vai acontecer. E essa alma dirá a alguém: "Vou deixar vocês quando tiver 6 anos de idade". É preciso saber que, do outro lado, não se sente dor, nem temor, nem medo. Esse acordo é feito para que se aprenda em breve a se desprender do outro, e a verdadeira intenção desse aprendizado serve ao crescimento espiritual. Esta é a principal lição.

Foi quando estava no além que você decidiu viver nos Estados Unidos?

Não, não creio. É possível expressar os principais desejos e aqueles secundários, mas não se estabelecem de antemão os países nem as cidades. Pois os espíritos também precisam ter algo para fazer, a fim de poderem se ocupar de alguma coisa (*dá um sorriso maroto*).

Sempre os mantive na ativa. Quando alguém está se desviando, eles o conduzem de volta ao caminho certo. Assim fizeram também comigo. Eu não queria ser psiquiatra de jeito nenhum, mas tive de me tornar uma. Todos os chamados acasos já são planejados.

Isso significa que não existem acasos?
Não existem acasos. Trata-se, antes, de manipulações divinas. Ou então, quando se trata de coisas agradáveis, falo de intervenções divinas. Portanto, existem acasos agradáveis e outros desagradáveis.

Você está querendo dizer que há um sentido por trás de tudo o que acontece na vida de alguém? E todo sentido tem em vista...
... o máximo bem-estar de cada um.

Resumindo, pode-se então dizer que, grosso modo, a vida de toda pessoa já é estabelecida antes do nascimento, de maneira que ela possa aprender em prol de si mesma e, assim, continuar a evoluir?
Para que ela possa estimular o crescimento de sua alma da melhor forma.

Quando ainda nos encontramos no além e começamos a planejar nossa próxima vida, existe alguém ali para nos ajudar e aconselhar?
Sempre há alguém para nos ajudar do lado de lá. Pode ser nosso guia espiritual ou um anjo da guarda. Se você precisar do seu apoio, peça e o receberá. Antes que eu encarnasse nesta vida, Jesus me disse que eu estaria me sobrecarregando com muitas tarefas. E, como é bem do meu feitio, não levei essa

observação em conta e rejeitei-o energicamente. "Está, sim", repetiu ele, "você está se sobrecarregando." "Não, não acho. Vou conseguir, com toda a certeza!" Como você vê, continuo teimosa também deste lado.

Quer dizer, então, que reencarnamos para termos um aprendizado espiritual? O que realmente temos a aprender?
Cada um tem diferentes lições para aprender. Se você cabula aula e perde uma matéria importante, está enganando a si mesmo. É exatamente isso que as pessoas fazem com a própria vida. Se você evita suas lições para evitar todas as dificuldades da vida, será obrigado a voltar para a Terra. Acaba escolhendo uma vida difícil, em que essa lição será repetida. O mesmo acontece com os suicidas. Quem não consegue lidar com a morte de um ente querido e se mata por isso, nada alcançará. Pois voltará para a Terra e escolherá uma vida em que terá de lidar com muitos casos de morte de gente próxima, até aprender que não poderá ser dono de outra pessoa e que deverá amá-la incondicionalmente, sem limitá-la. Quando não se aprende essa lição, volta-se para cá. E a cada vida que se encarna, a dificuldade é maior. No mundo do além, antes de um retorno a uma nova vida terrena, você observa tudo o que poderá ser feito em sua próxima vida.

No que me diz respeito, escolhi o tema da morte e do processo de morte. Eu queria livrar esses temas de seu caráter de tabu. Minha principal atividade deveria ser cuidar de pessoas em estado terminal. Para cumprir essa tarefa, eu precisava estar muito firme internamente. Por isso, busquei um pai que logo cedo me ensinou a ter disciplina e uma mãe que irradiava muita dedicação e muito amor. Desse modo, recebi parte de tudo o que era necessário. Deixei cedo a casa dos meus pais. Isso também eu já tinha escolhido anteriormente. Todos os meus desejos terrenos de ir para a Índia ou para a África como médica não foram satisfeitos, pois, para cumprir meu plano mais elevado, tive de me casar com um americano que me trouxe para Nova York, onde eu nunca quis viver.

(*Colocando o indicador nos lábios:*)

Sabe o que isso significa? Antes de renascermos, planejamos tudo o que pensamos fazer, que queremos aprender, alcançar e passar adiante. Em seguida, aparece o anjo do esquecimento. E no momento em que ele coloca o dedo nos lábios, toda lembrança é apagada, como se se tratasse de uma condição combinada anteriormente. O sentido do anjo do esquecimento é que na Terra fazemos tudo sem conseguirmos nos lembrar do que realmente nos propusemos a fazer. Pois, se já soubéssemos de antemão todas as respostas de um exame, não iríamos querer aprender. Portanto, se o professor já nos desse todas as respostas a nossas perguntas antes da prova, não teríamos motivação para aprender. Do mesmo modo acontece com a vida. Se já soubéssemos de antemão tudo o que vai acontecer, não iríamos querer aprender e, assim, tampouco poderíamos crescer. Seríamos uma população de imbecis.

Você acredita na lei do karma, segundo a qual o que você faz aos outros será feito a você mesmo?
Acredito.

Tal como antigos sábios da Índia, os de hoje consideram a lei do karma fundamental, pois diz respeito a todas as pessoas na Terra.
É óbvio que essa lei se refere a todas as pessoas. Não há por que tratá-las de maneira diferente, já que somos todos filhos de Deus. Essa lei trata de todas as pessoas da mesma forma, pouco importa a qual religião pertençam.

A intenção do karma não é punir alguém, e sim dar-lhe uma oportunidade...
... de voltar a equilibrar alguma coisa.

Quando alguém se comporta de modo ignóbil com outra pessoa, ele terá de viver a mesma situação para poder aprender com ela?
Ele não terá de viver as mesmas circunstâncias ou situações, mas as mesmas consequências.

Você acha que no além já estamos em condições de compreender a verdade completa?

Depende do que você entende por verdade completa. Só lhe será revelado aquilo que você tiver condições de trabalhar. Isso depende da sua sensibilidade e da situação do seu desenvolvimento espiritual. Quando a pessoa ainda se encontra no estágio de conhecimento do jardim de infância receberá apenas outro conhecimento equivalente. Quando já se encontra no ensino médio, receberá o conhecimento correspondente. E se já estiver na universidade, lhe será confiado um conhecimento superior. É como na escola.

Quer dizer, então, que a verdade que podemos experimentar é sempre relativa?

Sim.

Como é possível entrar em contato com suas entidades espirituais?

Cada um precisa encontrar seus próprios meios e caminhos para isso. Converso com eles e lhes peço que me deem um sinal. Na noite passada vivenciei algo muito especial. Todo o meu quarto se preencheu repentinamente com o perfume do sândalo. E eu sabia que uma personalidade elevada e invisível estava presente para me ajudar em determinado assunto. Portanto, toda pessoa precisa encontrar seu próprio caminho para conseguir conversar ou entrar em contato com elas. Recebemos respostas delas de diversas maneiras.

Você acha que há um interesse por parte das entidades espirituais do outro lado para que nos abramos para elas?
Seu único interesse é que cresçamos espiritualmente. Se puderem nos ajudar em nosso crescimento, ficarão felizes. Tentam nos ser úteis para que consigamos cumprir nossas missões e, assim, alcancemos nosso objetivo.

Por que os cristãos rejeitam tanto a reencarnação e a lei do karma?
São contra porque temem deixar de ser chamados de cristãos caso reconheçam a reencarnação e o karma. São de tal forma doutrinados por suas igrejas que os "verdadeiros" cristãos nem mesmo ousam falar a respeito.

O que se deveria necessariamente fazer antes de morrer?
Não se deveria esperar tanto até ir parar no leito de morte. Pois então será tarde demais para mudar alguma coisa. É exatamente o que estou fazendo agora. Ainda estou tentando aprender a ter paciência. No entanto, antes de morrer, é importante perdoar a si mesmo e a todos os outros que o ofenderam ou feriram. E por certo isso não é fácil. Ainda que não se perdoe todo mundo, não se deve excluir a si próprio. Também é preci-

so ser capaz de perdoar a si mesmo. O que gosto na Igreja católica é a confissão. Os católicos confessam seus pecados, não importa se estes foram verdadeiros ou imaginados. E depois aprendem a se perdoar.

Você acha possível que as pessoas no século XXI reconheçam o fato de que existe vida após a morte?
   Sim, sem dúvida.

Como se sentiria, então, se olhasse do outro mundo para este e o visse em um estado alterado e melhor?
   Daria uma festa com balões de ETs.

O que mais deseja para a humanidade?
   AMOR.

Às vezes ela recebia ligações. Geralmente eram conhecidos ou amigos que queriam saber do seu estado de saúde. Mas outras vezes eram repórteres ou viajantes americanos que vinham da Europa — quase sempre da Suíça — e queriam lhe fazer uma visita.

Um dos últimos a visitá-la foi Hans Maronna, um admirador de Elisabeth. Menciono a seguir alguns excertos de seu relato:

Através da porta ligeiramente aberta do seu quarto, vi Elisabeth pela primeira vez. Entrei no cômodo e cumprimentei-a em polonês: "Dzien dobry Pani Doktor!" (Bom dia, doutora!) Assim Elisabeth era saudada pelos moradores do vilarejo de Lucimia, onde havia trabalhado. Para meu espanto, respondeu em polonês: "Dzien dobry witam serdecznie!" (Bom dia, seja muito bem-vindo!) Perguntei: "Elisabeth, você sabe polonês?" E ela disse: "Kiepsko". Em polonês, esta é uma expressão idiomática que significa "muito pouco". Fiquei perplexo por ela ainda saber polonês depois de tanto tempo. (...)

Estava sentada em uma cama hospitalar e (...) parecia pequena e frágil, mas foi muito gentil e disse: "Sente-se nesta cadeira ao meu lado". (...) Contei-lhe então que lia, ou melhor, devorava seus livros desde 1997. (...) Também lhe mostrei algumas fotos que fizera das casas, da redondeza, do rio Vístula e do aterro no vilarejo onde ela tinha vivido. (...) Os olhos de Elisabeth começaram a brilhar, e a alegria em seu rosto tornou-se cada vez maior. Até a voz mudou de repente. Elisabeth gostava muito das casas do vilarejo polonês e disse: "Mais tarde, quero comprar uma casa assim. Quando você volta para lá, Hans? Vou com você e vou comprar uma casa lá". Depois de ter visto algumas fotos, Elisabeth disse, emocionada: "Hans, você é um anjo". Então, continuou a olhar as fotos, e seu rosto irradiou felicidade. Quando uma enfermeira entrou, perguntou cochichando para mim: "O que fez, senhor Maronna? Desde que passei a cuidar de Elisa-

beth, nunca a vi tão feliz". Um pouco sem graça, respondi: "Bom, na verdade, nada. Só lhe mostrei algumas fotos da Polônia".

(...) Ken havia me dito que, em razão do seu estado de saúde, a visita só poderia durar de cinco a dez minutos. Mas, ao entrar no quarto, perdi totalmente a noção do tempo, e Elisabeth me deu várias vezes a entender que eu devia me demorar mais um pouco, e depois da visita constatei que tinha ficado cerca de uma a duas horas com ela. No início do encontro, deparei com uma pessoa que parecia muito frágil, mas me despedi de uma mulher que irradiava felicidade. Ao agradecer e me despedir, disse: "Elisabeth, é meio estranho me despedir de você". Quando me aproximei da porta, ouvi o seguinte, embora nenhum de nós tenha dito nenhuma palavra: "Hans, você sabe que não há despedida. Nunca nos separamos. Voltaremos a nos ver e permaneceremos em contato o tempo todo". Dziekuje bardzo (muito obrigado), Elisabeth, por tudo!

Em outubro de 2002, ela foi levada por Ken e pela sobrinha Susan Bacher para a clínica particular Leisure Living, onde sempre fazia exames, pois seu estado físico se alterava constantemente, embora na maioria das vezes permanecesse lúcida. Nessa clínica, era acompanhada sobretudo por um médico da Nicarágua, que ela chamava de Frank e de quem acabou ficando amiga.

Certa manhã, quando fui visitá-la com Sinaida, ela relatou que seu guia espiritual tinha estado diante de sua cama. E quando nos despedimos dela, eu não fazia ideia de que aquele seria meu último encontro com Elisabeth. Mas sei que nos reencontraremos do outro lado.

Elisabeth já tinha tomado providências para o caso de morrer repentinamente. Como sua filha Barbara tinha aversão a cremações, ela cedeu e lhe prometeu que seria enterrada. Pois, para ela, o corpo era só uma vestimenta de que já não se tem necessidade, e pouco lhe importava o que aconteceria com ele. Já havia reservado um local em um cemitério, bem como escolhido e pago o caixão. O discurso fúnebre seria feito por Gaines, seu pastor preferido. Após o enterro, haveria uma grande comemoração, pois, afinal, o fato de ela finalmente poder ir para casa era um acontecimento alegre. E, conforme já planejado, durante o enterro seriam soltos balões com o desenho do ET.

O enterro ocorreu no final de agosto. Uma xamã amiga sua, chamada Bluebird, esteve presente e, ao rufar de tambores, entoou: "A águia está vindo para levar Elisabeth ao mundo espiritual". Porém, não se via águia alguma. Contudo, em um lago próximo nadavam muitos gansos selvagens, que de repente começaram a grasnar e levantaram voo fazendo barulho. Certamente, esse evento especial havia sido preparado por

Elisabeth, que gostava de fazer brincadeiras e, já do outro lado e invisível para nós, estava presente. De repente, todos começamos a rir com gosto. Por fim, realizou-se o desejo de Elisabeth e soltaram-se vários balões com o desenho do ET. Outro ritual que certamente deixaria Elisabeth feliz era o de soltar várias borboletas presas em caixinhas.

Neste momento, eu gostaria de resumir a importância de sua missão na Terra.

Em companhia de Raymond Moody, Elisabeth contribuiu essencialmente para que a pesquisa sobre experiências de quase morte (*near-death experiences*, expressão cunhada pelo doutor Moody) ganhasse cada vez mais importância.

Graças às muitas experiências que viveu, comprovou que existe vida após a morte e que as ligações com os mortos podem ser produzidas.

Foi a primeira médica a observar as fases da morte e a descrevê-las com precisão.

Cunhou a expressão "morte digna".

A ela se deve, acima de tudo, o fato de que instituições de assistência a pacientes terminais são mantidas no mundo inteiro.

Mostrou como é importante livrar-se das "pendências" e pedir perdão.

Chamou atenção para o fato de que aqui, na escola terrena, deveríamos aprender sobretudo a amar "incondicionalmente" e de que primeiro precisamos amar a nós mesmos para que também consigamos amar os outros.

Ela nos tirou o medo de morrer.

Desse modo, como professora do além, Elisabeth influencia muitas pessoas na Terra que conseguem entrar em contato com ela. Assim, também pediu a Bruno Bitterli-Fürst que escrevesse um livro com ela (*Leben nach dem Tod: Mit Betrachtungen aus dem Jenseits von Elisabeth Kübler-Ross* [Vida Após a Morte: Com Observações do Além, Feitas por Elisabeth Kübler-Ross], Ravare Verlag, 2009), no qual não apenas descreve sua passagem para o mundo espiritual, como também conta como realmente é esse mundo.

Durante a redação do livro, eu também voltei a ouvir sua voz algumas vezes, comentando o que havia sido escrito. Estava satisfeita com a composição e o texto, pois o leitor teria uma boa ideia de sua atuação na Terra e de suas vivências no além e veria que, de fato, não existe morte.

"Minha verdadeira missão neste mundo
consiste em dizer às pessoas
que não existe a morte
tal como a concebemos."

Nascida em 8 de julho de 1926.
Falecida em 24 de agosto de 2004.

Impresso por :

gráfica e editora

Tel.:11 2769-9056